たっぷりあそんで おなかをすかそう！

わくわく にこにこ 食育あそび

いただきます ごちそうさま 編集部・編

メイト

Contents
もくじ

Part4 リズムにのって

Part5 うきうきゲーム

Part6 言葉あふれる

食育のイメージが広がる
食育あそび

　食育基本法が平成17年に施行されてから、今では多くの幼稚園・保育所で食育を意識した活動が積極的に保育に取り入れられるようになってきました。

　子どもの生活の中で「食」は大切な営みとして位置づけられ、保育活動の中でも重要な存在です。食育は、楽しくおいしい「食」の記憶を子どもたちが日々重ねていくこと。子どもたちにとって食育は特別なものでなはく、日常の生活の中にある楽しい活動です。

　本書は、食育情報誌『いただきます　ごちそうさま』の誌面で、これまでに紹介したあそびをセレクトし、あそびの発展例を補足するなどして編集しました。さらに、新たなオリジナルのあそびも加え、ゲーム、シアター、リズムあそび、言葉あそびなど、「そのあそび、よく知っている！」というふだんのあそびにちなんだものを多く紹介しています。食育のねらいを意識してあそぶことにより、子どもたちの食べものへのイメージが広がり、食育体験をより充実させてくれるはずです。

　例えばあそびで、「さつまいもが『大きなかぶ』みたいにもっと大きかったらどうなるかな？」と想像力を膨らませ、「じゃあ大きなさつまいもを作ってみようか」と創造力を刺激します。そして実際のさつまいも掘りで「大きなさつまいもが見つかるかな？」という好奇心へとつなぎ、さつまいもを食べて味覚を育てるなどなど、あそびにつながりをもたせることで、一つの食材からたくさんの力を育てることができます。

　栽培や収穫、料理など、実際の体験の余韻を思い出しながら、または体験の導入として、本書をご活用ください。

Part 1

食べものとなかよし

あそびを通して、子どもたちが食べものに興味をもち、食べたい、もっと知りたいという気持ちを高めます。あそびの経験を、おいしく食べることにつなげていきましょう。

なんだろうボックス

2~5歳児・親子

袋や箱に入った食材を、さわって当てるあそびです。
食材の名前を当てるだけでなく、どんな感じかがするかを言葉にしてみます。

👆 **食育ポイント**

◎様々な食材を取り入れることで、食材への興味や関心を育む。
◎手でさわって食材を当てることで、感覚を育む。
◎どんな感じがするかを言葉に出して言うことで、表現力が育つ。
◎あそびで箱に手を入れるのを怖がる子には、無理強いをしない。

なんだろう
ボックス

カーテンを
開けると……

導入 あそびに使う食材を一つ一つ観察しながら、名前を確認する。
食材を表現する言葉をたっぷり取り入れる。

保育者 「これは、何ていう野菜かな？」
「重くて、ゴツゴツしているね」
「これは、コンニャクっていうのよ。冷たくてプルンってしているよ」

作り方

<なんだろうボックス>

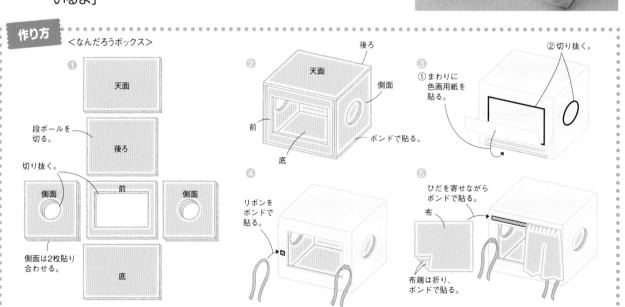

① 天面

後ろ

段ボールを切る。

切り抜く。

側面　前　側面

底

側面は2枚貼り合わせる。

② 天面

後ろ

側面

前

底

ボンドで貼る。

③ ②切り抜く。

①まわりに色画用紙を貼る。

④ リボンをボンドで貼る。

⑤ ひだを寄せながらボンドで貼る。

布

布端は折り、ボンドで貼る。

● 1つの食材を当ててみよう

① 保育者は、子どもに見えないよう「なんだろうボックス」に食材を1つだけ入れる。

② 子どもが1人ずつ両手を入れて、中に入っている食材をさわる。

③ 保育者は「ツルツルかな？　ザラザラかな？」「かたい？　柔らかい？」など、子どもが感覚を働かせるような言葉をかける。

④ 入っていると思うものを子どもが発表し、当たったら箱から食材を取り出して確認。はずれたり、わからなかったら、次の子がチャレンジする。

なんだろう？

● たくさんの食材を当ててみよう

あ、わかった……
ピーマンだ！

① 食材を5種類以上「なんだろうボックス」に入れる。

② 子どもが1人ずつ手を入れて、中に入っている食材をさわる。

③ 何か1つ食材がわかったらすぐに名前を言わず、「わかった！」と言うのをルールにする。

④ 保育者は「それはどんな感じですか？」と聞いて、子どもは「かたい」とか「ゴツゴツしている」など感じたことを言葉にする。

⑤ 保育者が「それは何だと思いますか？」と問いかけ、子どもは答えを言ってから取り出す。

⑥ 当たったらみんなで拍手。はずれたら中に戻し、次の子にバトンタッチ。

★ 途中で、ほかの子に中が見えるようにすると、盛り上がる。ただし、見ている子どもたちは、わかっても言葉にしない約束をする。

● あそびのバリエーション

▶ 2チームに分かれ、順番に1人ずつ出てきて、中に入っているものから1つを選んでその食材を当てます。当たったら次の人にバトンタッチ。

▶ 乾物ばかりを何種類か入れて、「豆腐からできているものを探しましょう？」「しいたけを見つけてね」など、保育者が指示したものを取り出します。

▶ 食べものの中に、コップやスプーンなど、食べもの以外のものを1つ加えても楽しくあそべます。

食材の仲間分け

食材の仲間分けをします。「土の中に育つ野菜・土の上に育つ野菜」「大豆からできる食品・牛乳からできる食品」など、いろいろなテーマで分けてみましょう。

👆 食育ポイント

◎野菜には、育ち方などでいろいろな仲間があることを知り、野菜への興味を育てる。

◎身近な食品が、何からできているかに興味を向ける。

◎保育者や保護者が知らないこともあるので、保護者の集まる行事などで、親子あそびに取り入れてもよい。

仲間分けボックス

導入 集まった野菜を並べて、一つ一つ名前を確認し、さわったりにおいをかいだりする。

保育者）「持ってきた野菜の名前を言いながら、みんなに見せてね」
「じゃがいもは泥がついているね」

作り方

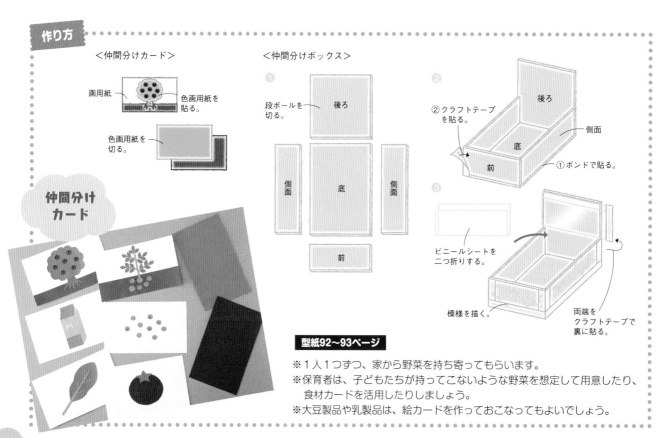

＜仲間分けカード＞

画用紙
色画用紙を貼る。
色画用紙を切る。

仲間分けカード

＜仲間分けボックス＞

① 段ボールを切る。
後ろ
側面　底　側面
前

② ②クラフトテープを貼る。
後ろ
側面
底
前
①ボンドで貼る。

③ ビニールシートを二つ折りする。
模様を描く。
両端をクラフトテープで裏に貼る。

型紙92〜93ページ

※1人1つずつ、家から野菜を持ち寄ってもらいます。
※保育者は、子どもたちが持ってこないような野菜を想定して用意したり、食材カードを活用したりしましょう。
※大豆製品や乳製品は、絵カードを作っておこなってもよいでしょう。

● 仲間に分けよう

❶「土の中・上」「葉を食べる・実を食べる」「大豆からできる食品」「牛乳からできる食品」「野菜の色」の中から一つテーマを選び、「仲間分けボックス」に「仲間分けカード」をセットする。「茎を食べる」を新たに加えても。

❷できるだけたくさん、野菜をそれぞれの仲間の箱に入れていく。

❸正しく分けられたか、みんなで確かめる。

★「3分間で」など、時間を決めておこなってもよい。

★あそびに慣れたら、「仲間分けボックス」の数を増やして、野菜と大豆、乳製品を合わせて仲間分けをしても楽しい。

●野菜の分類いろいろ

例1)
「土の中に育つ野菜」
じゃがいも・さつまいも・さといも・大根・玉ねぎ・ピーナッツ・かぶ・ごぼう・れんこん(泥の中)など

「土の上に育つ野菜」
きゅうり・トマト・なす・レタス・ピーマン・白菜・キャベツ・ブロッコリー・ほうれんそう・アスパラガスなど

例2)
「葉を食べる野菜」
ねぎ・キャベツ・ほうれんそう・白菜など

「実を食べる野菜」
ピーマン・トマト・なす・きゅうり・かぼちゃ・そら豆など

いろいろなおまめ 2〜5歳児

乾燥豆は熟した豆で穀物の仲間。食べるときは水で戻すなど、手間がかかりますが、種類が豊富で体にもよい食材です。音や色や形で楽しくあそんで、豆への興味を高めましょう。

食育ポイント

◎いろいろな豆の色や形や模様、音を楽しみ、豆に興味を向ける。

◎乾燥豆は、枝豆やグリーンピース、えんどう豆などが熟したものであることを伝える。

注意！ 乾燥豆を誤飲しないように、0〜2歳児のいない場所でおこなってください。

まめまめボックス

導入
「まめまめボックス」を使い、いろいろな種類の豆を見て、名前を知る。

保育者「どの豆が好き？」

「みそやしょう油になる『大豆』はどれだ？」

「あんこは、どの豆から作られるのかな？」

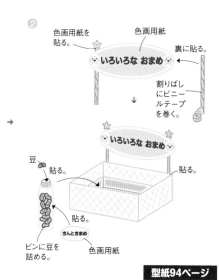

作り方

＜まめまめボックス＞

① 空き箱 / 布

1cm貼る。

のみ貼る。

内側に折り込んで貼る。

1cm折る。

底に折り込んで貼る。

貼る。 切る。

② 色画用紙を貼る。 色画用紙

いろいろな おまめ

裏に貼る。

割りばしにビニールテープを巻く。

いろいろな おまめ

豆 貼る。

貼る。

貼る。

ビンに豆を詰める。

きんときまめ

色画用紙

型紙94ページ

★乾燥豆には、大豆、小豆、いんげん豆、えんどう豆、うずら豆、ひよこ豆、黒大豆、金時豆、白花豆、とら豆、レンズ豆など、いろいろな種類がある。

乾燥豆のマラカスを作ろう

乾燥豆の
マラカス

材料

- ●ペットボトルの空き容器
- ●いろいろな乾燥豆
- ●カラービニールテープ
- ●シールや油性ペン

❶それぞれ好きな乾燥豆を選んで、ペットボトルの空き容器に入れ、豆が落ちるときの音を楽しむ。

❷ふたを閉めて、上からカラービニールテープを巻く。

❸豆が見える程度に、容器にシールを貼ったり、油性ペンで絵を描く。

音楽に合わせて演奏しよう

★容器や豆の違いによって、どんなふうに音が違うか比べる。

★「山の音楽家」や「おもちゃのチャチャチャ」などの歌に合わせて演奏してみる。

●あそんだあとは……

かたい乾燥豆を水につけて戻し、どう変化するか観察してみましょう。戻した豆は、調理して食べてみましょう。

季節の食材 春・アサリ

砂抜きしていないアサリを塩水につけ、生きたアサリを観察しましょう。
静かで暗い場所に置いておくと、貝が口を開け、水管を出す様子が観察できます。

食育ポイント

◎貝をさわって一つ一つ違う模様を観察したり、貝に口や目はあるのかなどを図鑑で調べたりする。
◎貝の仲間には、ほかにどんなものがあるか、考えたり調べたりしてみる。

用意するもの

●砂抜きしていないアサリ
●底が広い大きななべやタライ（塩分3.5%の塩水を入れる）
●汚れ防止の新聞紙やシート
※新聞紙やシートを広げた上に塩水とアサリを入れたなべを置き、静かで暗い場所に1～2時間つけます。

※水管とは、海水を取り込んだり吐き出したりするための管のこと。アサリの水管には入水管と出水管の2つがあります。

導入 アサリが水管を出すような状態で子どもたちに見せる。貝を並べて、しくみを観察したり、模様の違いを比べたりする。同じ模様は決してないことにも注目する。

保育者「アサリさんはとっても怖がりだから、引っ込まないように静かにしてね」
「足はどこかな？」
「水管が2つあるはず。どれかな？」

ピュッ

ピュッ

★アサリを、海の水に近い塩分3.5%の塩水に入れて、少し暗いところに置くと、アサリが体を出したり、水をふいたりする姿が見られる。
★いろいろな模様を観察する。

手でさわるとすぐに引っ込んじゃう

これシマシマ模様だね

●「アサリちゃん」「アサリマン」ストラップを作ろう

アサリを観察して食べたあと、貝がらを使って
ストラップを作ります。

アサリの
ストラップ

材料

- ●貝殻　●洋服とリボン　**型紙94ページ**
- ●ひも　●ボンド　●油性ペン

★洋服の型紙を基本にしながらも、動きなど、少し変
　化をつけてもよい。
★色を塗るときは、見本を参考にしながら、スカート
　にするのかマントにするのかなど考えてから塗るよ
　うに伝える。

作り方

❶切り取った体の洋服部分に色
　を塗る。

❷貝がらに油性ペンで顔を描く。

❸顔を描いていないほうの貝がら
　のふちに沿ってボンドを塗る。
　つまようじを使うと塗りやすい。

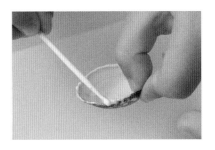

❹ひもを結び、写真のように貝
　がらにつけて、洋服をのせる。

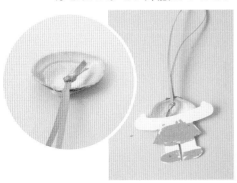

❺顔を描いたアサリをのせて貼
　り合わせ、リボンをつける。

❻ボンドが乾いたら、ストラッ
　プのできあがり。

季節の食材　夏野菜 4〜5歳児

赤のトマトや緑のピーマン、ちくちく痛いきゅうり、丸ごとの大きなかぼちゃなど、
夏野菜とたっぷりあそんで、おいしく食べましょう。

食育ポイント

◎夏においしい、いろいろな野菜を知り、「食」への興味を高める。
◎たっぷりさわったり、色を比べたり、切ってにおいをかいだりして、感覚を育む。

用意するもの

●夏が旬の野菜
　トマト・ピーマン・パプリカ・ゴーヤー・じゃがいも・なす・きゅうり・かぼちゃなど
●水槽などの容器（透明なもの）

導入　野菜や果物を一つ一つ名前を確認する。
見たり、さわったり、においをかいだりする。

保育者　「ぜーんぶ、夏においしい食べものだよ」
「知っているのは、どれかな？」
「これはゴーヤー、食べたことのある人？」
「どんな味がした？」

❶ 「おとなりへ」渡していこう

❶輪になって座わり、野菜や果物を1つずつ、「♪おとなりへ」とリズミカルに言いながら隣の子へ渡していく。
❷「ストップ！」の合図で手を止め、そのときに野菜や果物を持っている子は立ちあがって、その食材の名前を発表する。

重たいよ〜

これは
軽いね

● 水に浮かべてみよう

❶「（きゅうりは）浮くかな？　沈むかな？」「浮く
のはどれかな？」などと子どもたちに聞いて、予
想する。

❷夏野菜や果物を、実際に１つずつ水に入れていく。

※野菜が水に浮かんだり沈んだりする現象は、育っ
た環境で判断できます。じゃがいもやにんじんな
ど土の中で育つ野菜は沈み、きゅうりやトマト、
かぼちゃなど土の上で育つ野菜は浮きます。ただ
し玉ねぎは例外で、土の中で育ちますが浮きます。

きゅうりは
浮くかな？

わぁ、
浮いたー

かぼちゃは
浮くんだー

★どの野菜が浮いたか沈んだか、野菜の名前を
言いながら確かめる。

●すいかで実験しよう

おやつにすいかを食べる日は、すいかを水槽に入れ
てみましょう。かぼちゃより大きなすいかは、水に
浮くのか沈むのか、どちらでしょうか？
子どもたちに予想をしてもらいながら、水に入れて
みましょう。

わー、
すいかが
浮いたー

季節の食材 秋・さつまいも

2〜5歳児・親子

いも掘りをしたらすぐに食べずに、園庭や、保育室に持ち込んで、たっぷり観察しましょう。
観察のあとは、ぜひクッキングを！ みんなで収穫を喜びながら一緒に味わいたいですね。

👆 食育ポイント

◎いも掘りを通して、さつまいもはどんなところで育つのか、どのように実るのかを知る。
◎いも掘りを楽しみ、収穫したさつまいもを料理して食べることで、「食」への興味を高める。

用意するもの

●泥つきさつまいも（いも掘りで掘ったものなど）
　さといも・じゃがいも・紫いも・長いもなど、いもの仲間

導入

●いろいろないもを紹介して、名前を伝え、色や形を比べる。
●持って重さを比べたり、洗ったり、保育者が切って、中の色を見たりする。

保育者）「土の中にいたから泥んこだね」
「きれいに洗うと、ピンクの体が出てくるよ」
「切ると中は何色かな？」

これはいも畑よ

ビリビリ

● いろいろな芋の仲間分けをしよう

❶さといも・じゃがいも・さつまいもを、いも畑に見立てた新聞紙（ちぎったもの）の中に隠す。

❷2～3チームに分かれ、「よーい、どん」の合図で、1チーム1人ずつ「いも畑」に走り、いもを1つ"掘る"。

❸「さつまいも」「じゃがいも」「さといも」の箱にいもを入れて、次の人にタッチ。

❹早く終わったチームが勝ち。

　最後に、いもがちゃんと分けられて箱に入っているか、みんなで確かめる。

さつまいもを楽しく並べよう

収穫したさつまいもを食べる前に、たっぷりふれあってあそぶ。

❶収穫したさつまいもを大きい順に並べる。

❷「一番小さいいも」「一番大きいいも」を探したら、一番小さいさつまいもと一番大きなさつまいもを比べてみる。

★顔や車、電車を描くように並べても楽しいです。

これ、一番
大きいよ

一番小さい
のはこれ？

あっ、顔だ！

●いも掘りの前後にさつまいもを描いて、
　絵を比べよう

いも掘りに行く前に、「さつまいもってどんなおいもだっけ？」「色はどんなかな？」などと話をして、さつまいもの絵を描いてみましょう。さつまいもを収穫したあとにも同様に絵を描くと、絵は大きく変化するはずです。2つの絵を比べてみるとおもしろいです。

● 「さつまいもピザ」を作って食べよう

ホットプレートで焼くだけの簡単ピザ
です。チーズが溶ける様子や、さつま
いもが焼けるにおいなどを感じながら
作ります。

準備◎手洗い・身支度を整える。
　　　◎材料は保育者が用意しておく。

材料

- ●さつまいも（ふかして厚さ5ミリの
  輪切りにする）
- ●ピーマン・玉ねぎ・ウインナー・ハ
  ム・ミニトマトなど（すべて小さめ
  に切る）
- ●ピザ用チーズ
- ●ピザソース

作り方

1 さつまいもにピザソースをぬる。

2 自由にトッピングをし、一番上に
ピザ用チーズをのせる。

これを
焼くんだね

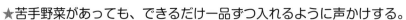
★苦手野菜があっても、できるだけ一品ずつ入れるように声かけする。

3 　ホットプレートに並べ、ふたをして焼く。

チーズの
いいにおい

チーズが溶けたらふたを取り、1〜2分焼いてできあがり。

4 　皿に盛り、「いただきます」のあいさつをして食べる。

一緒に食べると
おいしいね

●水栽培をしてみよう

さつまいもの切り口を水につけて、根や葉の出る様子を観察しましょう。陽の当たる場所に置いておくと葉が出てツルがどんどん伸びます。こまめに水をかえてください。

ほかにも、大根、にんじん、根が出てきた玉ねぎなども、同様にして葉などを育てることができます。

また、小豆やごまなどは、皿に布を置いた上に並べ、水を入れてラップをし、箱をかぶせて暗くすると発芽します。

季節の食材 冬・乾物 4〜5歳児

干ししいたけ、切り干し大根、高野豆腐といった乾物は、日本人の知恵から生まれた保存食です。観察したり、簡単なクッキングをして味わったりして、興味を膨らませましょう。

👆食育ポイント

◎いろいろな乾物を知り、日本の伝統食に興味を向ける。
◎乾物を水につけると乾燥する前の姿に戻る、食材の変化を楽しむ。

用意するもの

● 干ししいたけ、高野豆腐、切り干し大根などの乾物
● 生しいたけ、豆腐、大根などの干す前の食材

導入 乾物についての話をしながら、においをかいだり、さわったりする。
干す前の食材と比べてみる。

保育者 「干ししいたけと生しいたけのにおいは違うかな?」
「大根を細く切って干すと、切り干し大根になるんだよ」
「さわるとどんな感じがする?」

え、これ何のにおいかな?

▼戻す前の固い高野豆腐をさわると……

これ、食べられるの?

●こんなにある乾物

野菜・きのこ類
大根・キクラゲ・かんぴょう・いもがら・ぜんまい・干しいも・ごま・とうがらしなど

ドライフルーツ・ナッツ類
レーズン・干し柿・プルーン・落花生・くるみ・アーモンド・カシューナッツ など

魚・海藻
干しエビ・ちりめんじゃこ・煮干し・かつおぶし・ひじき・あおのり・昆布 など

その他
お茶・麩・はるさめ・ふりかけ など

● 乾物を水で戻してみよう

❶乾物を水に入れて戻す。
❷乾物と戻したものとを比べてみる。

※干ししいたけはすぐに戻らないので、戻したものを用意しておきます。前日に水につけて、冷蔵庫に入れておくとよいです。

水で戻した高野豆腐は……▶

スポンジみたいになった

● 「切り干し大根サラダ」を作って食べよう

準備◎手洗い・身支度を整える。
　　　◎戻した切り干し大根、きゅうり、にんじんなどは、サッとゆでておく。
❶ボウルに材料を全部入れて混ぜる。
❷器に盛り、「いただきます」のあいさつをして食べる。

材料

●切り干し大根（戻したもの）
●きゅうり、にんじん など（千切りにしておく）
●ごま
●中華ドレッシング（しょう油・酢・ごま油を1：1：1の割り合いで混ぜる。子どもが作ってもよい）

調味料 塩の不思議 4〜5歳児

代表的な調味料の塩ですが、様々な特徴があります。塩の秘密を楽しく知らせましょう。

しょっぱい！

👆食育ポイント

◎塩について知り、ほかの調味料にも興味を向ける。
◎塩を味見し、味について表現する言葉を育てる。

用意するもの

●濃い塩水　●濃い色の画用紙　●絵筆

導入 料理のどんなときに塩を使うか話す。
塩の味見をして、言葉で表現する。

保育者「塩はどんなときに使うのかな？」
「みんなはどんなものに塩をかけたり、つけたりして食べる？」
「塩の味はどう？　『からい？』『しょっぱい？』」

● 塩水で絵を描こう

❶塩と水を混ぜる。

❷塩と水をよく混ぜ、溶ける様子を観察する。

あ、溶けてきたよ！

❸黒や紺色の画用紙に濃い塩水をたっぷり筆につけて絵を描く。

★ポツポツと点を描くようにすると、雪がふっているような絵になる。

★円を描いておき、その中をぐるぐる塗ると、白いクリームのケーキになる。

❹陽の当たるところに置いて乾かすと塩の結晶が残り、白い線が出る。

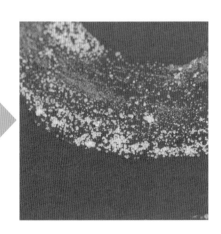

●塩の働きいろいろ

▶野菜をゆでるときに塩を入れると、野菜の色が鮮やかになる。

▶漬物は塩のおかげで腐りにくい。

▶皮をむいたりんごやバナナを塩水につけると茶色くならない。

▶うどんやパンを作るときに塩を入れると、ねばりが出る。

　　　　　　　　　　　　など

●調味料を味見してみよう

調味料の味を知っておくことは大事です。塩、砂糖、みそ、しょう油を用意し、ふかしたじゃがいもをサイコロ状に切って、調味料につけて食べてみます。どんな味がするか言葉で表現してみましょう。

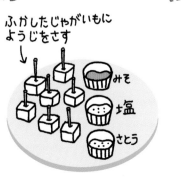

ふかしたじゃがいもにようじをさす

みそ

塩

さとう

Q 食育は何歳から始めたらよいのでしょう?

A 食べることの心地よさを0歳から知らせて

　栽培、収穫、調理など、何か形のある活動をすることだけが「食育」ではありません。安心できる環境の中、信頼できる人と、落ち着いて食事を楽しむことが食育の基本。

　そう考えると、食育は0歳から始まっています。まずは、安心して飲んだり食べたりできる環境づくりに気を配り、保育者とともにゆったりと食事を楽しみながら、食べることの心地よさを知らせていきましょう。

Q 「五感を使う」とは、具体的にどうすればよいのでしょうか?

A 感じたことを表現、共感し合うことから

　「五感を使う」とは、目で「見て」、においを「かいで」、手で「ふれて」、舌で「味わって」、耳で音を「聞く」というように、感覚のすべてを使うことです。

　保育者は、ただ子どもに体験させるだけでなく、「おいしいね」「いいにおいだね」「パリパリ音がするよ」などと感じたことを言葉で表現し、感覚を共有できるとよいでしょう。こうした言葉かけが、子どもの感性を伸ばすことにつながります。

Q 栽培やクッキングができない環境なので、食育活動ができません

A どんな些細なことからでも食育につなげられる

　食育で一番大切なのは、保育者という人的環境です。子どもに食べることの大切さを伝えていこうという思いがあれば、絵本や紙芝居などでも食への興味を引き出すことができるでしょう。生きものを飼っているのであれば、たとえば「ウサギさんは何を食べるのかな」などという問いかけなどから、生きものの食を意識することで自分の食についても興味をもてるようになるかもしれません。また調理場がなくても、ホットプレートやトースターなら保育室に持ち込めますね。このように、どんな些細なことからでも、工夫次第で食育につなげていくことができます。

Part 2

作ってあそぶ

食にかかわる製作では、作ることだけを目的にせず、作る前には、本物の食材にたっぷりふれて、食材や食事に興味や関心をもたせましょう。

おにぎりのお弁当 　3〜5歳児

おにぎり、エビフライ、野菜炒め、ゆでたまごなど、子どもの大好きな食べものが
詰まったお弁当を作ります。本物のフライパンで炒めるまねをしたり、
おにぎりを握ったり。お弁当作りを楽しく疑似体験しましょう。

食育ポイント

◎食事を作ってくれる人に感謝の気持
　ちをもって「いただきます」をする
　ことにつないでいく。
◎お弁当箱の中に主食、主菜、副菜が
　そろうとバランスがよいことを知る。
◎紙でおにぎり作りを経験し、おにぎ
　りの握り方を知って、実際の経験に
　つないでいく。

導入

好きなお弁当のおかずや、お
にぎりの具について話をする。

保育者「好きなお弁当のおかずはなあに？」
　　　　「みんなのおにぎりの中には、何が入ってる？　何が好き？」

作り方　＜おにぎりとおかず＞

＊えびフライの土台以外は
全て折り紙で作ります。

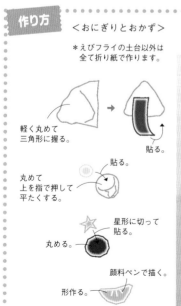

軽く丸めて
三角形に握る。

貼る。

貼る。

丸めて
上を指で押して
平たくする。

星形に切って
貼る。

丸める。

顔料ペンで描く。

形作る。

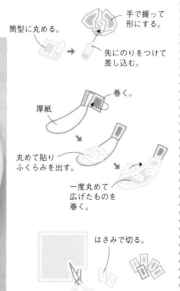

手で握って
形にする。

筒型に丸める。

先にのりをつけて
差し込む。

巻く。

厚紙

丸めて貼り
ふくらみを出す。

一度丸めて
広げたものを
巻く。

はさみで切る。

● おにぎりとおかずを作ろう

おにぎり

白い紙を丸めて握り、おにぎりの形に整える。そこへ、のりに見立てた、黒のシール折り紙を貼る。

ギュッ

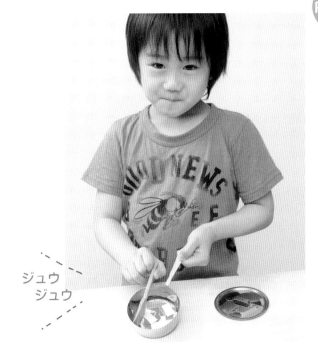

ジュウ
ジュウ

野菜炒め

3色の折り紙を細かく切り、フライパンで炒めるまねをする。炒めたあとは弁当用のカップに入れる。

● お弁当を詰めよう

どれがいいかな

★どのようにお料理を詰めたらよいか、相談しながら詰めていく。栄養バランスや色どりなどを話し、考えて詰める。

● 遠足ごっこをしよう

❶作ったお弁当を袋などに入れる。

❷お弁当を持って園内や園庭を探検する。

ホールに着きました

ホール

❸グループごとに好きな場所で
お弁当を広げ、見せ合いっこ
する。

❹「いただきます」で食べるま
ねをする。

❺お弁当をもとに戻し、保育室
へ戻る。

ただいまー

きくぐみ

●ラップで握るおにぎり

製作あそびでお弁当やおにぎりを作ったあとは、本物の
おにぎりを握る経験に発展させてみましょう。自分で作っ
て食べる経験は、喜びや意欲につながります。
低年齢児から作れる「ラップおにぎり」は、塩味をつけ
たごはんをラップにのせて、子どもがギュッギュッと握
るだけ。低年齢児は保育者が、4〜5歳児は自分でごは
んをのせます。
のりを巻いたり、模様をつけたり、ふりかけをかけたり
など、いろいろ工夫をしてみましょう。

食べものボード 3～5歳児

食べものがどこから来るのか、知ることができるボードを作りましょう。
料理に使っている食材を取り上げ、食べることへの興味や関心を高めましょう。

☞食育ポイント

◎いつも食べているものが、どこから来るのかを知る。
◎食べものへの興味と、食べることへの感謝の気持ちを育てる。

用意するもの

● 食べものボード　型紙100ページ
● 食材カード　型紙96～99ページ

● どこから来るのか考えよう

みんなで食べものがとれる場所を確認したら、B4程度に拡大コピーした食べものボード（100ページ参照）を1人1枚ずつ配り、色を塗ったり、育てたい野菜を描いたり、貼ったりして、自分だけの「食べものボード」を作りましょう。

発表し合ったり、壁に貼ったりすると、食べものについての認識が高まります。

導入　食材カードを取り上げながら、どこでとれるかを話す。

保育者）「海でとれる食べもの、畑でとれる食べものには、何があるかしら？」
「キャベツはどこでできるか、知ってる？」

作り方

＜食べものボード＞

① 段ボールに画用紙を貼る。
上からビニールシートを貼る。

② 裏　布テープでとめる。

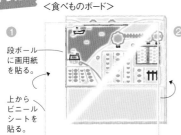
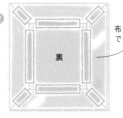

※ビニールシートは手芸店、ホームセンター、大型文房具店などで購入できます。

＜食材カード＞

① 画用紙で食材を作る。

② ラミネートシートではさむ。

③ 3mmほど残して切る。

④ 裏面にセロハンテープを輪にして貼る。

配ぜんボード 3〜5歳児

茶わんやお皿を置く位置をわかりやすく伝える配ぜんボード。
あそびを通して楽しく正しい配ぜんを身につけながら、主食、汁、主菜、副菜の
料理がそろうと体にいい食事になることを伝えていきましょう。

食育ポイント

◎正しい配ぜんや置き方を知り、楽しく身につける。
◎「食」にはマナーがあることを知り、守れるようにする。
◎主食、汁、主菜、副菜がそろうと（4つのおさら）、体にいい食事になることを知り、意識できるようにする。
※73ページ参照。

用意するもの

●配ぜんボード
●料理カード **型紙94〜95ページ**

配ぜんボード

▲空のお皿のカードに自由に料理を描いたりして活用してください。

導入 料理カードを取り上げながら、どんな料理か（肉のおかず、野菜のおかず、汁ものなど）、食べたことがあるかなど、料理についてたくさん話す。

保育者）「みそ汁だね。何が入っているかな」
「ハンバーグが好きな人？」
「これは何の魚かな？」

作り方 ＜配ぜんボード＞

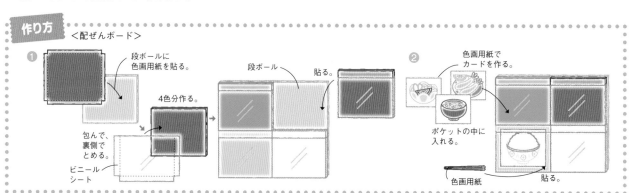

● 自分の好きな「ごはんの組み合わせを」を作ろう

❶料理カードの、主食、汁、
　主菜、副菜から好きなもの
　を1枚ずつ選んで色をぬる。

★1人4枚、画用紙をボード
　の絵と同じくらいの大きさ
　にして配り、一番好きなメ
　ニューの絵を描いてもよい。

❷できたら前に出てきて貼っ
　たり、「配ぜんボード」の
　ポケットに入れる。

❸どうしてこのメニューにし
　たのかや、どうして好きな
　のかなどを発表する。

● いろいろな食事の組み合わせを話そう

❶料理カードの裏にそれぞれの色（4色）のシールを貼る。

❷カードを裏にして並べておき、それぞれの色（シール）から1枚ずつ選んで、「配ぜんボード」のポケットに入れたり、並べたりする。

❸できあがった食事が、おいしい組み合わせになっているか、もっとおいしくするにはどうしたらいいかを話し合う（和食、洋食の組み合わせを意識する）。

料理の材料探し

「仲間分けボックス」（8ページ）と「料理カード」（30ページ）、「食材カード」（29ページ）を使ってあそびましょう。料理は、子どもたちの人気のメニューやよく知っているメニューを選びます。

👆 食育ポイント

◎ 好きな料理やよく食べる料理には、どんな食材が入っているかを知り、食事への興味を高める。

◎ 1つの料理だけでも様々な食材が入っていて、いろいろな栄養があることに気づき、作ってくれる人への感謝の気持ちにつなげる。

用意するもの

● 料理カード　型紙94〜95ページ
● 食材カード　型紙96〜99ページ
　　　　　　　イラスト108〜110ページ
● 仲間分けボックス（8ページ参照）
※ 料理カードや食材カードは、子どもたちが描いたり塗ったりしてもよい。

導入 料理カードを1枚ずつ取り上げ、料理の名前や、どんな食材が入っているかを話す。

保育者「この煮物には、どんな野菜が入っているのかな？」
「サラダに入っている野菜はなんだろう？」
「オムライスの材料って何かな？」

カレーライスのカードを入れますよ。さあ、カレーライスにはどんな食べものが入っているかな。カードから選んで箱に入れよう

にんじんだ！

豚肉だよ

玉ねぎよ

● 料理の材料を考えよう

❶「仲間分けボックス」を複数用意して、それぞれに料理カードをポケットに入れておく（ボックスがなくても可能）。

❷食材カードをたくさん用意して、机に並べる。

この料理にはどの食べものが入っているかな？

❸食材カードから1枚選び、その食材を使う料理の「仲間分けボックス」に入れる。グループに分かれ、リレーの要領でおこなう。

❹最後に、料理と食材が合っているか確かめる。

卵だ！

豚肉よ

ハンバーグの中に、ごはんは入らないよー

●野菜ボックスを大好きレシピ入れに

それぞれの野菜を使った子どもたちの人気メニューやおすすめのメニューのレシピをコピーし、野菜ごとに分類して野菜ボックスに入れます。保護者の目につきやすい場所に設置し、子どもの食事に興味をもってもらったり、園のレシピを参考にしてもらうきっかけにしましょう。

Q&A

Q 郷土食について伝えるには、どんな取り組みの仕方がありますか

A 給食があるなら、メニューに取り入れて

給食があるなら、給食のメニューに取り入れてもらうのが一番。また、チャンスがあれば、その土地でとれる野菜を作っている農家や郷土食を出している料理屋さんに話を聞いてみるのもよいですね。

ただし、郷土食というものを子どもに理解させるのは、なかなかむずかしいかもしれません。「いろいろな土地に、その土地ならではの食べものがあるんだね」ということが伝われば充分だと思います。

Q 食事のマナーはどのように伝えていくのがよいでしょうか？

A まずは保育者自身が美しく食事をすることが大切

「お箸はこうやって持つとかっこいいよ」「食べものを噛むときは、口を閉じていたほうがすてきだよ」など、マナーを言葉にして伝えていくことは大事ですが、特に効果があるのは4歳ごろからといわれています。発達上、「人に見られている自分」を意識できるようになるためです。また、子どもは周囲の模倣をしながらマナーを取得していきます。つまり、マナーを伝えるのにいちばん大事なのは、子どもと一緒に食事をする大人が美しく食事をすることなのです。

Q 肉や魚、加工食品などを食育に取り入れるには？

A 地域のお店や保護者に協力してもらう

保育所で給食があるなら、調理前の魚やおろす過程を子どもたちに見せるだけでも立派な食育です。給食室がないなら、たとえば、散歩のとき鮮魚店に寄って、たくさんの魚を見てくるのもよいでしょう。魚、肉、パンなどそれぞれの食材を扱う地域の店に声をかければ、協力してくださる方もいるかもしれません。あるいは、保護者の中にそうした仕事に携わっている方がいれば、子どもたちの前で話をしていただくのもよいですね。

Part 3

演じて感じて

キャベツとアオムシの関係や、魚がどうやってみんなの家に届くのかなど、楽しくシアターを見ながら学びます。子どもには少しむずかしい内容も、演じて見せることで、わかりやすく伝えていきましょう。

タマネギとニンジンとピーマンの変身

子どもたちが苦手とする代表的な野菜、タマネギ、ニンジン、ピーマンが登場する
ミニシアターです。

食育ポイント

◎苦手な野菜も、食べてみようか
なと興味をもたせることが大事。
◎いろいろな野菜が料理に入って
いることに気づき、野菜は元気
な体づくりに役立っていること
を、楽しく子どもに伝えていく。

用意するもの

●タマネギ、ニンジン、ピーマン
のペープサート
型紙101〜103ページ
●カレーライス、ニンジンゼリー、
ポテトサラダの絵
型紙103〜104ページ

※ペープサートは型紙のアウトラ
インを利用しながら、別の表情
や料理なども、自由に作ってく
ださい。

導入

●タマネギ、ニンジン、ピーマンについて、子どもたちと話
をする。
●「やさいのうた」をみんなでうたう。

保育者)「みんなはピーマンを好き？　嫌い？」
　　　　「どんなふうに食べたことがあるかな？」

やさいのうた

わらべうた

● ミニシアターを演じよう

❶歌詞を変えてうたいながら、タマネギとニンジンのペープサートをリズミカルに動かして登場。

♪**タマネギ　ネギネギネギ　ニンジン　ニンニンニン**

ニンジン「あ、タマネギくん、こんにちは！」

タマネギ「ニンジンさん、こんにちは」

ニンジン「あれあれ、タマネギくんの近くに行くと目が痛い！　痛い！」

タマネギ「うん、そうなんだよ。子どもたちも目が痛いって、さわってくれないんだよ」

ニンジン「あら、わたしだって、こんなにきれいな色の体をしているのに人気がないのよ」

❷ピーマンが、泣きながらうたって登場。

♪**ピーマン　ピンピンピン**

タマネギ「あら、どうしたの？」

ピーマン「わたしね、嫌われてるんだ」

タマネギ・ニンジン「あら、誰に？」

ピーマン「あのね、子どもたちが、にがい！　と言って、わたしを見ると泣いちゃうの」

タマネギ・ニンジン・ピーマン
　　　　「私たちみんな、子どもたちの体に入ると、風邪のバイキンと闘ったりして、体を元気にするすごい力をもってるのにね」

❸タマネギ、ニンジン、ピーマンが話し合いを始める。

ニンジン「ねえ、子どもたちの前で変身して、いいところを見せたらどうかしら」

タマネギ「賛成！　ボクはカレーライスに入って、甘くておいしいタマネギに変身するよ」

ニンジン「わたしは、すりすりしてもらって、ニンジンゼリーに変身よ」

ピーマン「どうしよう、わたしは変身できないわ」

ニンジン「ねえ、赤や黄色の友だちも呼んできてカラフルなお料理にしてもらったらどう？」

タマネギ・ニンジン「それはいい考えね！」

ピーマン「聞いたことあるわ。赤や黄色のピーマンは、わたしよりちょっぴり太めで、にがくないんですって」

❹保育者は、子どもたちに向かって声をかける。

保育者「さあ、タマネギ、ニンジン、ピーマンが変身するよ！　みんなでうたって応援しよう」

♪**タマネギ　ネギネギネギ　ニンジン　ニンニンニン　ピーマン　ピンピンピン**

タマネギ・ニンジン・ピーマン

「へ～～～～～んしん！！」

❺子どもたちの反応を見ながら、タマネギ、
　ニンジン、ピーマンのペープサートを裏面
　に変えていく。

保育者「タマネギは？」
　　　　「そう！　カレーライスに変身しまし
　　　　た」

　　　　「ニンジンは？」
　　　　「はい、ニンジンゼリーに変身！」

　　　　「ピーマンは……？」
　　　　「そう、きれいな色のパプリカと一緒
　　　　にポテトサラダに入りました！」

カレーライス

ニンジン
ゼリー

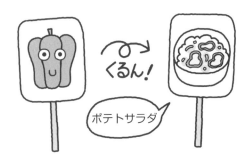

ポテトサラダ

みんなを
元気に
してくれ
るんだね

❻保育者は、子どもたちに向かって声をかける。

保育者「みんな、カレーは好きだよね？」
　　　　「ゼリーはどう？　ポテトサラダは？」
　　　　「タマネギ、ニンジン、ピーマンは、お
　　　　いしいお料理に変身してみんなのおな
　　　　かに入って、体を元気にしてくれるん
　　　　だね！」

まほうのおなべ 4〜5歳児

子どもたちと手品であそびながら、食べものの働きを4つの色に分けて
知らせていきましょう。

食育ポイント

◎食べものを「4つの色」で分けることにより、食べものによって、体への働きが違うことを知る。

◎「4つの色」がそろうと栄養のバランスがよい食事になり、元気な体になることを知る。
※73ページ参照。

● 食材カード 型紙96〜99ページ
● 料理カード 型紙94〜95ページ

黄（主食） ごはん、パン、スパゲッティーなど
体の力となる食べもの

白（汁） みそ汁、野菜スープなど
だしのかおりと味を大切にする食べもの

赤（主菜） 魚、目玉焼き、肉、豆腐など
血や肉となる食べもの

緑（副菜） かぶ、ほうれんそう、ワカメなど
体の調子を調える食べもの

用意するもの

● なべ（4つ）
深い紙皿を上下に合わせ、セロハンテープで止める。内側に黄、赤、緑、白の丸シールを貼り、ふたにモールの取っ手をつける。

タネあかし 上下をつなぐセロハンテープの長さを変えて、どれがどのなべかわかるようにしておく。

深い紙皿

丸シールを
内側に貼る。

モールの取っ手を
つける。

セロハンテープで
留める。

食べものカードは作ったなべに収まる
サイズにする。

導入 食べものカードを1枚ずつ見ながら、「何色のおなべ」に入れたらよいかをみんなで相談して、カードをなべに入れていく。

ほうれんそうは
緑のおなべ

みそ汁は
白のおなべ

● 手品を楽しもう

❶子ども１～２人に、前に出てきてもらう。
子どもたちの前に、食べものカードの入った４つのなべを並べる。

❷「先生は後ろを向いているので、なべの場所を変えてください」と言って、保育者が後ろ向きになり、子どもがなべを動かす。

なべの場所を
変えてください

❸子どもの合図で保育者はなべの前に戻り、「うーん、これかな？こっちだっけ？」などと悩むしぐさで盛り上げる。

わかんなく
なっちゃった

困って
いるよね

わかりっこ
ないよね

❹「天の声が聞こえてきました！」などと言って、一つ一つのなべの中の食べものを当てていく。
「黄色のなべ。入っているのはごはん」となべの色と食べものの名前をはっきりと言う。

テープが短い
から黄色だわ

これは黄色の
なべです

キャベツのなかから 2〜5歳児

アオムシが大好きなキャベツ。アオムシの家族がキャベツを食べて
チョウチョに変身するまでのお話が歌になっています。

👆 食育ポイント

◎野菜は、虫の穴が開いていても食べられる
　ことを知る。
◎虫がたくさん野菜を食べると困ることや、
　害虫を食べてくれる虫もいることなどを話
　して、野菜と虫について興味をもてるよう
　にする。

導入

●穴の開いたキャベツを見せながら、子どもたちと
　「穴がどうして開いているのか」を考える。
●虫と野菜のことを話す。

保育者）「この穴は何の穴かな？」
　　　　「キャベツを好きな虫はなんだっけ？」
　　　　「そうアオムシさんだね」
　　　　「虫さんが食べた野菜はおいしい野菜だよ」

● ミニシアターを演じよう

❶♪ キャベツのなかから アオムシ出たよ

歌に合わせて、閉じたり開いたりする。

❷♪ ニョキ　ニョキ

しかけをつまみ、少しずつ糸を引っ張り上げる。

❸♪ ニョキ　ニョキ……ニョキ

さらに引っ張って、アオムシを1匹ずつ出していく。

❹♪ チョウチョに なったよ

歌詞に合わせて、最後にチョウチョを出す。

● キャベツとアオムシに なってあそぼう

❶ みんなで手をつないで輪になり、大きなキャベツ をつくる。

❷「とうさん」〜「あかちゃん」役を1人ずつ決める。

❸ 歌に合わせて「ニョキ」で順に輪の真ん中に飛び 出ていく。

❹「チョウチョになったよ」 でヒラヒラと飛ぶしぐさ をしてキャベツの輪から 出て自由に飛ぶ。

❺ ほかの子どもは「チョウ チョ、待て待て」と追い かけていき、一番に捕ま えた子が次の「とうさん」 〜「あかちゃん」役にな り、始めからくり返す。

作り方　＜ミニシアター＞ **型紙105ページ**

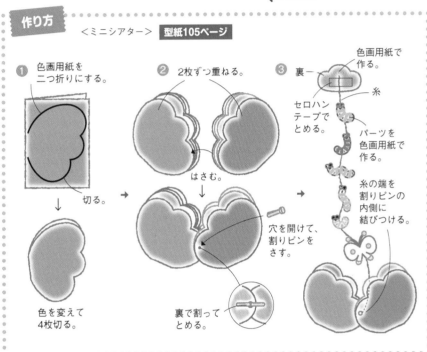

① 色画用紙を 二つ折りにする。

切る。

色を変えて 4枚切る。

② 2枚ずつ重ねる。

はさむ。

穴を開けて、 割りピンを さす。

裏で割って とめる。

③ 裏ー

色画用紙で 作る。

糸

セロハン テープで とめる。

パーツを 色画用紙で 作る。

糸の端を 割りピンの 内側に 結びつける。

キャベツのなかから

作詞・作曲／不詳

1.〜5. キャ ベ ツ の な か か ら　ア オ ム シ で た よ ニョ キ ニョ キ

お とう さん
お かあ さん
お にい さん　ア オ ム シ　　キャ ベ ツ の な か か ら
お ねえ さん
あ か ちゃん

ア オ ム シ で た　よ　ニョ キ　ニョ キ　ニョ キ

ニョ キ ニョ キ ニョ キ ニョ キ　ニョ キ ニョ キ ニョ キ　チョ ウ チョ に なっ たー よ

● 野菜や果物と虫

「虫は嫌い」「虫は悪い」 というイメージを子ど もに与えないために、 虫が食べて穴の開いた 野菜や果物に見つけた ら、「虫さんも『おいし い』って食べたから穴 が開いているんだよね」 などと話して、生きも のの生活についても目 を向けられるようにし てみましょう。

ちいさなはたけ 2～5歳児

春からの栽培活動を前に、種から花が咲いて収穫ができることを、
手あそびや伝承あそびの「六角返し」を作って、シアターで楽しく伝えましょう。
種まきや苗植えの導入としても使えます。

👆 食育ポイント

◎栽培への関心を高める。

◎手あそびや伝承あそびの「六角返し」を使ったシアターを通して、栽培～収穫までを、子どもたちに楽しく伝える。

導入

● 「プランターで野菜を育てようと思います。何を育てようか」と声をかけ、みんなで話をする。

● 店に並んでいる旬の野菜や果物を思い出して、名前をあげたり図鑑で確かめたりする。

● 芽が出て実が成るまでを、一緒に考えながら話す。

保育者

「きゅうりをみんなで植えようか。きゅうりの種って、どんなかな？」

「花が咲かないと実が成らないんだよ」

「きゅうりはトゲトゲがあって、こんな形だね」

「種をまいたら……？」「そう、芽が出て、だんだん大きくなって……」

「次はどうなるかな？」「そしてその次は？」

● 手あそびであそぼう

❶♪ ちいさな はたけを たがやして

両手の人さし指で四角く畑の形をつくる。

❷♪ ちいさな たねを まきました

左手から右手で種を取り出すようにパッとまく仕草をする。

パッ

❸♪ だんだん のびて はるになり

両手を合わせ、下から上にあげていく。

❹♪ ちいさな はなが さきました パッ

上にあげた手を頭の上で「パッ」と開く。

パッ

● 歌に合わせて踊ろう

★全員で手をつないで輪になり、輪の中を畑に見立てる。
★「たがやす」のしぐさをやってみる。
　「土をよくシャベルで掘ってやわらかくするのよ」「道具（クワや耕耘機など）を使うこともあるよ」

❶♪ ちいさな　はたけを　たがやして

手をつないで右方向に歩く。
「～たがやして」のあと、「はい、畑をたがやそう」と言って止まり、「よいしょ、よいしょ」とその場でシャベルで土を掘るしぐさをする。

❷♪ ちいさな　たねを　まきました

中央に向かって種をまくように動く。

❸♪ だんだん　のびて　はるになり

止まったまま、しゃがんで両手を合わせて体も一緒に、下から上にあげていく。

❹♪ ちいさな　はなが　さきました　パッ

手をつないで右に動き、「パッ」で止まって、両手を花の形にする。
保育者が「どこに咲こうか」と声をかけたら、好きな場所に動いて花のポーズをする。

ちいさなはたけ

作詞・作曲／不詳

1. ちいさなはたけを　たがやして　　ちいさなたねを　まきました
2. おおきなはたけを　たがやして　　おおきなたねを　まきました

だんだんのびて　はるになり　　ちいさなはなが　さきました（パッ!）
だんだんのびて　はるになり　　おおきなはなが　さきました（パッ!）

● 「六角返し」でシアターを演じよう

★昔からある伝承の「六角返し」のしかけを生かして、食べものの成長過程を伝える。

★見せる子どもの人数が多い場合は、「六角返し」を大きく作る。

作り方　　　　　　　　　　　　　　　　　　　　　※正確に折らないと最後に合わなくなるので注意。

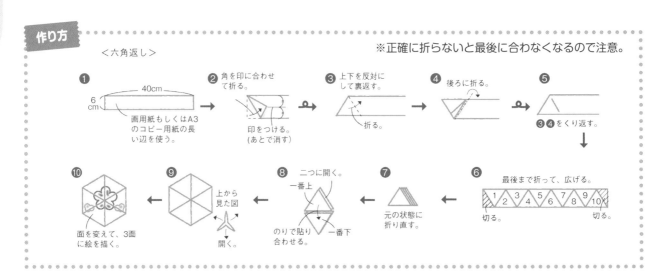

\<六角返し\>

❶ 40cm　6cm　画用紙もしくはA3のコピー用紙の長い辺を使う。

❷ 角を印に合わせて折る。　印をつける。（あとで消す）

❸ 上下を反対にして裏返す。　折る。

❹ 後ろに折る。

❺ ❸❹をくり返す。

❻ 最後まで折って、広げる。　1 2 3 4 5 6 7 8 9 10　切る。　切る。

❼ 元の状態に折り直す。

❽ 二つに開く。　一番上　一番下　のりで貼り合わせる。

❾ 上から見た図　開く。

❿ 面を変えて、3面に絵を描く。

---

❶♪ ちいさな　はたけを　たがやして　ちいさな　たねを　まきました

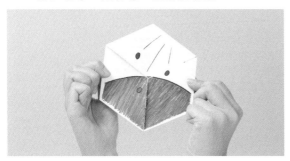

両手で「六角返し」を持って種の場面を見せてから、
片手で種をまくしぐさをする。

❷♪ だんだん　のびて　はるになり

上下に動かし、葉の場面を見せる。

❸♪ ちいさな　はなが　さきました　パッ

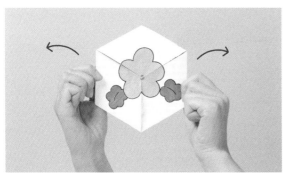

最後にいっきに広げて花を見せる。

めくり方

一度折りたたんで、頂点から開く。

魚はどこから来るの？ 2~5歳児・親子

魚を収穫して子どもたちのところに届くまでを、保育者が演じて伝えます。

☞ **食育ポイント**

◎劇あそびを通して、子どもたちが、食べものには「自然」と「人」がかかわっていることを知る。

◎食べものが自分たちに届くまでに、いろいろな人がかかわっていることを知り、感謝の気持ちをもてるようにする。

用意するもの

●魚(カラービニール袋で作る)
●船(段ボールで作る)
●釣りざお(新聞紙＋布テープ＋ヒモ＋洗濯ばさみ)

導入 魚についてみんなで話をする。

保育者）「魚を食べたことがある？」
「魚はどこから来たのかしら？」
「魚やさんに行ったことがある？」
「魚をとる仕事をしている人を『漁師』っていうのよ」

● 劇あそびを楽しもう

❶進行役が子どもに向かって話しかける。子どもたちの反応を受けて、次に話を進める。

進行役 「わたし、昨日、回転寿司でいろいろなお魚を食べたのよ。マグロって、みんな知っている？」
「マグロはどんな魚なのかなあ？」
「今日は魚をとっている漁師さんが来て、魚がどこから来るのか教えてくれます。
みんなで漁師さんを呼ぼうね」

漁師さ〜ん　　来てくださーい

❷進行役と子どもたちのかけ声で、漁師、乗組員が
　登場する。

進行役・子ども「漁師さ～ん！」
漁　師「やあ、こんにちは。魚は、海や川でとれる
　　　　んだよ。これから海へ行くから、みんなも
　　　　一緒に行こう！」
　船を登場させて乗り込む。
乗組員「さっそく、出発だ！」
　漁師は、子どもたちに呼んでもらったり、「さあ、
　大漁だ！　大漁だ！」などと威勢よく登場したり
　して盛り上げる。

❸漁師と乗組員が船に乗って、出発する。
　進行役も一緒に船を押して少し移動。
　船の後ろに魚を隠しておく。

漁　師「さあ、魚が釣れるところに着いたぞ。
　　　　えさをつけて、釣りの準備をしよう」
乗組員「今日は大物を釣りたいですね」
漁　師「うん、今日は大物が釣れそうだぞ」

❹魚がかかり、子どもたちと一緒に声をかけ合う。
　漁師は魚を釣るしぐさを力強くする。

乗組員「おおおおおーっ、魚がかかったぞ！　う
　　　　わぁ、すごい力だ。みんなも手伝って！」
進行役「さあ、一緒にかけ声で応援しよう！！」
みんなで「うんとこしょ、どっこいしょ。
　　　　　うんとこしょ、どっこいしょ」
　かけ声に合わせて、釣りざおが引っ張られている
　様子を表現する。

❺乗組員が釣りざおを勢いよく引っ張り、隠して
　おいた魚を子どもたちの前に出す。

乗組員「うわーっ、つ、つ、釣れた！！」
漁　師「こんな大物は初めてだ」

❻「釣った魚は何だろう？」
　「どうやって食べるのかな？」
　「漁師さんに聞いてみよう」
　などと、話をする。

<釣りざお>

❶
新聞紙

巻く。

❷
ひも

洗濯ばさみを
結びつける。

布テープ
を巻く。

作り方

<魚>

❶
カラービニール袋

貼り合わせる。

❷
セロハンテープで
とめて、形を作る。

エアパッキン

裏

つめる。

❸
ビニールテープ

貼る。

カラー
ビニール袋

切る。

とじる。

貼る。

ビニール
テープ

カラー
ビニール袋

貼る。

しぼる。

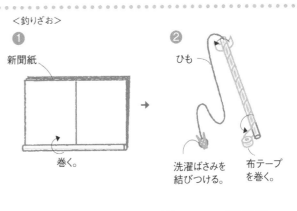

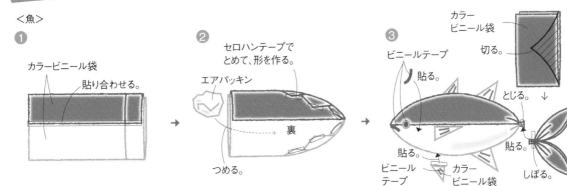

●魚が食卓に届くまでの循環を知ろう

魚がどのように食卓まで届くか、図鑑や写真を使って、話してみましょう。
　<一般例>　海でとれた魚⇒港の市場⇒大きな中央卸売市場⇒お店（スーパーなど）⇒家や園
　　　　　　※店の人が、中央市場や、港の市場に魚を仕入れにいきます。

Q & A

Q 収穫した野菜は、採れたてを味わってほしいのですが

A 「調理師さんに調理してもらおうね」でOK

収穫した野菜をその場で食べることにこだわる必要はありません。収穫したら、すぐ調理室に持っていって、「調理師さんに料理してもらおうね」でよいのでは？　収穫したものがどのような過程を経て食卓にのぼるのかを知ることも大切な食育です。

どうしても、採れたてを食べさせたいなら、とうもろこしなどその場でお湯をわかしてゆでて食べる方法もありますよ。

Q クッキングの衛生面ではどのような配慮が必要ですか

A 最終的に、必ず火を通すこと

食中毒を防ぐ三原則は、菌をつけない、菌を増やさない、菌を殺す、です。園でもこの３つに配慮して、クッキングを進めましょう。具体的には、クッキングの前によく手を洗うこと。準備した食材は、すぐに調理すること。そして、子どもの手がふれたものは、最終的に必ず火を通すことを徹底しましょう。なお、下痢など体調の悪い子どもや保育者がいるときはクッキングを中止するなど、無理はしないことも大切だと思います。

Q 職員の人数が少なく、クッキングに踏み切れません

A 保護者のボランティアを募ってみては

保育者の手が足りない場合、包丁や火などを使う作業は危険を伴うので、子どもに体験させるのはやめましょう。玉ねぎの皮をむく、いんげんのスジをとる、ポリ袋に入れた粉類を混ぜるなどでしたら、保育者が一人でも大丈夫です。

幼稚園の場合は、保護者のボランティアを募っても。声をかけてみると、料理じょうずなお母さんなどが積極的にかかわってくださるかもしれませんよ。

Part 4

リズムにのって

「おはぎ」や「やおや」など、食に関する様々なことを、うたいながら楽しく知っていきます。実際に「おはぎ」を食べたり、お店に行ったりなど、歌やあそびを実際の生活とつなげていきましょう。

♪イチゴのいちこちゃん 3〜5歳児

子どもたちが大好きなイチゴ。自由表現に近い振り付けで楽しみ、
うたって春を感じましょう。

👈食育ポイント

◎春はどんな季節か、旬の食べものだけ
でなく、気候や自然など、いろいろな
春を伝えていく。

◎イチゴは冬から出回っているが「春に
一番おいしくなる」（旬）ということ
を伝える。

◎イチゴがどのように実をつけるのか興
味を向ける。

導入 イチゴを観察する機会や、食べたりするときに、イチゴ
について話をしましょう。

保育者「イチゴはどの季節に実がなるのかな？」
「イチゴは何色？」「中も赤いのかな？」
「ツブツブは種なんだよ、知っていた？」

● みんなで輪になり、うたいながら踊ろう

★一人ひとりが「いちこちゃん」になって踊る。

❶♪ かわいい	❷♪ イチゴの いちこちゃん	❸♪ まっかな ほっぺを	❹♪ ふくらませ

「気をつけ」の姿勢から、両手
を上にあげイチゴの形を作る。

①の姿勢のまま、体を右左に
大きく揺らす。

両手のひらをほおの前で外向き
に大きく開き、外回しを2回。

絵のようなしぐさで、手を上
にあげていく。

❺♪ フーワカ フーワカ	❻♪ フー	❼♪ フーワカ 〜フー	❽♪ はるかぜと 〜 たのしいな

右を向いて、胸の前で手のひら
をグーにしてかいぐりする。

綿毛を口で吹くしぐさをする。

⑤と⑥を左向きでおこなう。

両手を広げて上下させながら、その場でひ
と回りし、「な」で「気をつけ」の姿勢に。

イチゴのいちこちゃん

作詞・作曲／カムジー先生

かわいい イチゴの いちこ ちゃん　　まっかな ほっ ペを ふくらませ

フーワカフーワカフー　フーワカフーワカフー　はる かぜと おしゃべり たのしいな

● 自由に踊ろう

★定番の動きを何度かしたあとは、「春」をイメージしながら、チョウチョやアオムシになって自由に動いてみる。

★「フーワカフーワカフー」のところは、みんなで動きを相談して決めて、同じ動きをしてもおもしろい。

チョウチョ　チューリップ

アオムシ　イチゴ

●クッキングへの発展●　ピンクのイチゴサンドを作ろう

低年齢児から作れるクッキング

赤からピンクへ、色の変化を楽しみながらサンドイッチを作ります。

❶イチゴのヘタを取り、ボウルにイチゴを入れてフォークでよくつぶす。
「赤いジュースみたい！」

❷生クリームを加え、さらによく混ぜる。
「色が変わった！」

❸食パン（12枚切り）1枚を4等分に切ったものにバターを塗り、❷のクリームをはさむ。

上からパンのふたをします。ふたをすると手を汚さずに食べられて便利です。

パンのふた
↓
イチゴクリーム
パンのお皿

ピンクのサンドイッチのできあがり

♪たねまきしましょう 4～5歳児・親子

栽培活動での種まきの導入に、または実際に種まきをしたあとに、
リズムにのってあそび、興味や関心を高めましょう。親子で踊るのも楽しいです。

👉食育ポイント

◎あそびを通して、栽培に興味・関心をもつ。
◎実際の種まきや苗植えを体験し、食べものは時間をかけて人の手がかかることでおいしくなることを知り、残さず食べることへつなげる。

導入

●野菜の育ちや栽培について、いろいろな話をする。
●実際にこれから種まきをする野菜や、種まきをした野菜について、話をする。

保育者）「にんじん（大根・かぼちゃ・きゅうり・なす・トマトなど）が、畑でなっているのを見たことがある人？」
「収穫したことはある？」
「好きな野菜は何かな？」
「どんなふうにして食べるのが好き？」

● ペアになって踊ろう

★輪になり、隣の子とペアになる。どちら側の子同士がペアになるのかを保育者が指示する。子どもが奇数のときは、保育者が1人加わる。

1番
♪にんじん　だいこん　かぼちゃ
きゅうり　なす　トマト
あなたも　わたしも
たねまきしよう

全員で手をつないで輪になり、時計回りに歩く。

2番
❶♪たねまき　パッパパッ
❷♪あしぶみ　トントトン
❸♪りょうてを　たたいて　くるりと　まわるよ

輪の中央に向かって「パッパパッ」で種をまくしぐさ。

「あしぶみ」で後退し、「トントトン」足踏みをする。

手をたたきながら、その場で回る。

3番

❶♪ わたしの　あいて　てとてを　つなぎ

隣の子と両手をつなぐ。

❷♪ わたしと　あなた

人差し指で、自分と相手を指差す。

❸♪ なかよくしましょう

両手を胸で交差し、首を振る。

4番

❶♪ やさいを　トントトン　おなべで　ジュジュジュ

野菜を切る、なべを持って混ぜるまねをする。

❷♪ おいしい　りょうりを　さあ　たべましょう　「いただきま〜す」

輪の中央に向かって前進し、真ん中で「いただきま〜す」

たねまきしましょう

フランスのあそび歌　作詞／志摩 桂

1. にん　じん　だい　こん　か　ぼ　ちゃ　　きゅう　り　な　す　ト　マ　ト
2. た　ね　ま　き　パッ　パ　パッ　　あ　し　ぶ　み　トン　ト　トン

あ　な　た　も　わ　た　し　も　た　ね　ま　き　し　ま　しょう
りょ　う　て　を　た　た　い　て　く　る　り　と　ま　わる　よ

●種まき・収穫の時期

にんじん
種まき３〜７月・収穫10〜１月

大根
種まき４月・収穫６〜７月
種まき８〜９月・収穫11〜12月

かぼちゃ
苗の植え付け５〜７月・収穫７〜８月

トマト・きゅうり・なす
種まき（苗の植え付け）４〜５月・収穫７〜８月

※ここでは一般的な時期を示しています。地域や品種によって異なる場合もあります。

♪ やおやのおみせ 3~5歳児

お店に売っているものを考えるあそびです。スーパーではなく専門店が並ぶ
商店街を子どもたちと散歩したりして、この歌をうたいましょう。

食育ポイント

◎お店について知ることで、食べものは多くの
人の手を通って、食べることができるという
ことを知る。
◎専門店では、それぞれお店によって売ってい
る品物が違うことを知り、買いものや「食」
への興味を高め、食べる意欲へつなげる。

導入 いろいろな「お店」や売っているものについて話
をする。

保育者 「お弁当を買いたいのだけど、どんなお店に行け
ばいいかな？」
「お肉を買いたいときは？」
「どんなお店に行ったことがある？」

● 「やおやのおみせ」をうたって、野菜の名前をたくさん言ってみよう

❶♪ やおやの
　　おみせに　ならんだ

手をたたく。

❷♪ しなもの　みてごらん

手を額に交互にかざす。

❸♪ よく　みてごらん

人さし指で、あちこち指す。

❹♪ かんがえてごらん

腕を組んで考えるしぐさ。

❺♪ キャベツ
　　「キャベツ」……アーア

きゅうり
キャベツ
ハイ！

「やおやのおみせ」で売っている
ものを、順に答えていく。

パチ
パチ

答えたら「パチパチ」と2回拍手し
て、次の人に。

● お店を変えてうたおう

★魚やさん、豆腐やさん、果物やさん、パンやさんなどに変えてうたう。
★うたう前に、そのお店について話したり、図鑑で調べてからうたう。

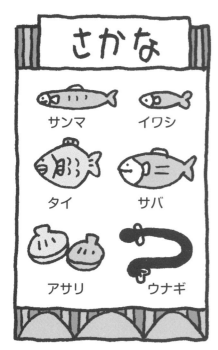

●うたったあとで……

▶お店やさんごっこへ発展させよう
品物の絵を描いたり、チラシを持ち寄って品物を切り抜いたりして、お店やさんごっこへ発展させましょう。

▶商店街を歩いたり、専門店に行ったりしよう
商店街や専門店を訪れ、「いらっしゃいませ」「まいどありがとうございます」「○○をください」というやりとりを、子どもたちと一緒に見てみましょう。

やおやのおみせ

フランス民謡　作詞／不詳

や　おやの　おみせに　ならんだ　し　なものみてごらん

よくみてごらん　かんがえてごらん　○　○　（拍手）　アーア

♪天気のいい日にゃ キューリも歩く 3〜5歳児

もしも野菜が歩いたら、どんなふうに歩くのかな、どんな音がするのかな、
などと野菜から子どもたちのイメージを膨らませて、いろいろな動きをしてみましょう。

食育ポイント

◎野菜に楽しいイメージをもち、野菜を身近に感じ、食べる意欲へつなげる。
◎イメージすることの楽しさ、自由に動く楽しさを経験する。

 導入

● もし野菜が歩いたらどんなふうに歩くか、子どもたちに体で表現してもらう。
● 野菜以外の、コンニャク、豆腐、納豆などについても、「歩いたらどうなる？」の想像を広げてみる。
● 歩く音も声に出してみる。

保育者）「もしも、きゅうりが歩いたら、どんな歩き方だと思う？」
「きゅうりが転んで折れたら！」
「きゅうりはどんなふうに寝るのかな？」
「かぼちゃって重たいけど、歩けるのかな？」

● うたいながら、「キューリ」になって動こう

①♪ キューリが あるくよ キュッキュー

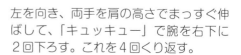

左を向き、両手を肩の高さでまっすぐ伸ばして、「キュッキュー」で腕を右下に2回下ろす。これを4回くり返す。

②♪ キュー キュー

伸ばしたままの両手をあげて「キラキラ」させながら、その場でひと回りする。

③♪ シャ「ピーポピポ」

手を上げたまま、正面向きで止まる。最後は「ピーポピポ」と元気に言う。

● 野菜のペープサートを作って劇あそびをしよう

❶グループに分かれて野菜のお話を作る。

❷グループごとに野菜を決め、ペープサートを作る。

❸画用紙に自分の野菜を描き、割りばしなどの棒を固定する。

❹野菜の歩き方や音を、保育者も加わってグループの仲間と
　話し合って決める。
　きゅうりはキュッキュッ、トマトはトントンなど。

登場の順番を決めて、簡単な会話を決めるとストーリーらし
くなる。

イラスト108〜110ページ

天気のいい日にゃ キューリも歩く

作詞・作曲／カムジー先生

キューリが あるくよ　キュッ キュー　　キューリが あるくよ　キュッ キュー

キューリが あるくよ　キュッ キュー　　キューリが あるくよ　キュッ キュー

キュー　　　　キュー　　　　シャ　ピーポ ピ ポ

♪サンバねぎ 4〜5歳児

子どもたちは料理にねぎが入っていることに気がつかず食べていることも多いです。
この歌をきっかけに、少しねぎと仲よくなれるかもしれません。

食育ポイント

◎歌をきっかけに長ねぎとねぎの仲間に興味をもたせる。玉ねぎと長ねぎは同じような役割をする野菜として併せて紹介しながら、それぞれどんな料理に使われているかを知る。

◎長ねぎは日本の料理によく使われる香りのある野菜で、肉や魚のにおいを消す働きもあることを知らせる。

購入
- 食事のメニューに使われているときや、ねぎの収穫時期などについて話す。
- 緑の部分を輪切りにして、空洞をのぞいたり、においをかいでみる。
- 花がかわいい、料理をおいしくするなど、ねぎの特徴を紹介する。

保育者
「玉ねぎと長ねぎは同じ仲間だけど、違う野菜だよ」

「長ねぎには仲間がいろいろいて、緑の葉が細いのは『葉ねぎ』っていうのよ」

「長ねぎは、肉や魚のにおいを消して、おいしい味にしてくれるんだよ」

「ギョウザやシュウマイなど、形は見えないけどたっぷり入っていて、おいしい味を出してくれるよ」

サンバのリズムを感じよう

❶「サンバねぎ」の音楽に合わせて自由に踊る。

❷「ダカシュカ」「ドコシュカ」とくり返し言いながらリズムをとる。

★ダカシュカ＝大きな声で両手をあげる。／ドコシュカ＝低い声で両手を下げる。

❸最後だけ、みんなで「ねぎのポーズ」をする。

♪ ダカシュカ

♪ ドコシュカ

両手を上げ下げしながら前後に振りましょう。笑顔でくり返せば、サンバのリズムにのってきます。

ねぎのポーズ。手のひらと手のひらを合わせて、思い切り高く伸ばす。

● 「サンバねぎ」を踊ろう

❶♪ サンバねぎ　サンバねぎ

両手を顔の横でヒラヒラさせながら、１回目の「ねぎ」で右足を左斜め前に出す。２回目の「ねぎ」で足を元に戻す。これを２回くり返す。

❷♪ えがおで　おどれば

正面を向いたまま、右、左、正面の順に体を揺らす。両手は外回りに２回ずつ回す。

❸♪ サンバねぎ　サンバねぎ

❶をくり返す。

❹♪ ポカポカカーニバル　「サンバねぎ！」

両手を上げて、ねぎのように見せ、そのまま体を右、左と２回ずつ揺らす。「サンバねぎ！」とコールしながら、好きなポーズをとる。

サンバねぎ

作詞・作曲／カムジー先生

サンバ　ねぎ　サンバ　ねぎ　えがおでおどれ　ば　サンバ

ねぎ　サンバ　ねぎ　ポカポカカー　ニバ　ル　「サンバねぎ！」

♪おはぎの嫁入り 3〜5歳児

秋のお彼岸に食べる「おはぎ」。日本の伝統的な食べもので、
できれば子どもたちと一緒に食べたいですね。
お彼岸の近くに、おはぎの話をして、楽しく手あそびしましょう。

食育ポイント

◎日本には行事にちなんだ特別な食べものがあることを知る。

◎秋のお彼岸には「おはぎ」を食べることを知り、行事食への興味を高める。

導入 おはぎについて由来を伝えたり、知っていることをみんなで話し合う。

保育者）「おはぎって知っている？ いろいろな味があるよね」
「どんな味のおはぎを食べた？」
「田んぼの神様に『今年はたくさんお米が収穫できてありがとうございました。どうぞ来年もおいしお米がたくさん収穫できますように』って、おはぎを作ってお礼とお願いをするのよ」

●「おはぎの嫁入り」をうたって踊ろう

❶♪ おはぎが およめに いくときは

両手で丸いおはぎの形をつくり左右に動かす。

❷♪ あんこと きなこで

右手、左手とほおにつける。

❸♪ おけしょうして

両手でほおを軽くたたき、お化粧する感じで動かす。

❹♪ まーるい おぼんに

体の前で両手で大きな輪をつくり、お盆の形にする。

❺♪ のせられて

両手で持つように前に出す。

❻♪ ついーた ところは

4回拍手する。

❼♪ おうせつま

両手を軽く前に重ね、おじぎをする。

★最後に

「あら、あんこときなこでお化粧したおはぎさんがきましたよ」
「あんこ、きなこ、どっちを食べようか？」
「いただきま〜す」
などと言って、みんなでおはぎを食べるまねをする。

● みんなで動いておはぎになろう

★「餅米」「あんこ」「きなこ」
に分かれる。

★「あんこ」「きなこ」は大き
く輪になり、「餅米」は輪
の中央にしゃがむ。

 餅米　 あんこ

 きなこ

❽♪ **おはぎが およめに いくときは**

「あんこ」「きなこ」は手をつなぎ、う
たいながら輪の中央の「餅米」に向
かって前進・後退をくり返す。

❾♪ **あんこと**

「あんこ」だけ中央の「餅米」
にしがみつく。

❿♪ **きなこで**

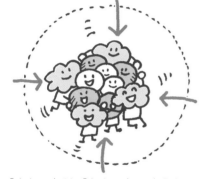

「きなこ」は「あんこ」の上から
「餅米」にしがみつく。

⓫♪ **おけしょうして
まーるい おぼんに のせられて**

みんなで背中を軽くたたき合う。

⓬♪ **ついーた ところは
おうせつま「いただきまーす」**

リズムに合わせて拍手をし、「い
ただきまーす」で、互いにムシャ
ムシャ食べるまね。

●**おはぎとぼた餅の違い**

秋のお彼岸に食べるのは「おはぎ」で、粒あんを使って作り
ます。春のお彼岸には、こしあんで「ぼた餅」を作ります。

おはぎの嫁入り

作詞・作曲／外国民謡　訳詞／中原杏二

おはぎがおよめに　いくときは　　あんこときなこで　おけしょうして

まーるいおぼんに　のせられてーっ　いーたところは　おうせつま

Q&A

Q 子どもの「食」に
関心の薄い保護者への
対応は？

A 子どもを通して
働きかけるのが一番

　食育だよりなどで情報を提供し
たり、懇談会などでお話ししたりと
いう方法もありますが、それだと、
そもそも子どもの食にあまり関心
のない保護者の心には届きにくい
でしょう。それでも、子どもの声な
ら耳に入るかもしれません。収穫し
た野菜などを子どもに渡し、「お母
さんにお料理してもらってね」と伝
えるなど、子どもを通して働きかけ
ることも一つの方法です。

Q おたよりや掲示、
レシピ提供などの
ほかに保護者対応の
方法は？

A 保護者が情報発信する
機会をつくってみる

　園側から一方的に働きかけるだ
けでなく、保護者のほうから情報
を発信してもらうことも考えま
しょう。「我が家のご自慢メニュー
を教えてください」「食事のシー
ンを写真に撮って見せてくださ
い」「食事にまつわる子どものつ
ぶやき募集」などはいかがでしょ
う。

　また最近は、外国人の保護者も
増えていますので、それぞれの国
の料理を教えてもらい、おたより
などでみんなに知らせていくのも
楽しいと思いますよ。

Q 自分自身が「食」に対する興味が薄いのですが

A 子どもと一緒に食への興味を育てて

　この仕事をしている以上、「食に興味がない」ではすまされません。子どもと一
緒に興味を育てていこうという気構えで取り組んでいくことをおすすめします。
　運動、美容、健康など、何か興味をもてることがあるのではないでしょうか。
「おいしいものが食べたい」という気持ちを膨らませるだけでもいいのです。どん
な些細なことでも、自分自身の食生活をふり返って、食に興味をもつきっかけに
することはできます。

Part 5

うきうきゲーム

単純にゲームを楽しむうちに、いつの間にか「食」に関する知識や言葉がたくさん増えていきます。収穫体験や食事のときにあそびが思い出されれば、食べることが一層楽しくなるでしょう。

季節の食べものバスケット

「自分が生まれた季節」を知って、さらにその季節の野菜や果物を調べて
「フルーツバスケット」のようにあそびます。「季節」の野菜や果物を知ることができる
ゲームです。保護者と一緒にあそび、「旬」を伝えるのもよいでしょう。

食育ポイント

◎1年間には4つの季節があること、自分の生まれ月の季節を知る。

◎食べものには一番おいしい季節があること（旬）を、あそびながら楽しく学ぶ。

◎自分の生まれた季節の旬の食べものを知り、「食」への興味を高める。

用意するもの

●野菜や果物のお面
お面の紙ベルトは四季ごとに色を変える。

※子どもたちが絵を描いたり、色をぬったりしてもよいでしょう。
イラスト108～110ページ

導入

●「春・夏・秋・冬」の4つの季節の違いについて話をする。

●季節の野菜と果物を紹介し、旬を確認する。

●「お誕生日はいつかな？」と子ども一人ひとりの誕生日を確認する。

●「9月は秋よ」「3月は春」などと、誕生日と季節を一緒に伝えて、自分の生まれた季節を覚えられるようにする。

●「季節の食べものバスケット」であそぼう

❶ 自分の生まれた季節の野菜か果物のお面を、それぞれ1つ選ぶ。

❷ 選んだお面をかぶって輪になって座り、「オニ」が輪の真ん中に立って、「秋の果物」「春の野菜」「夏の果物と冬の野菜」などと、季節の名前を1〜2つ言う。

❸ 該当する子は席を移動する。季節が違ってないか確認してから次に進む。
　席に座れなかった子が次の「オニ」になって、好きな季節や果物の名前を言う。
★全員動くときは「食べものバスケット」と言う。

夏の野菜

●季節の食べもの

<春>春キャベツ・たけのこ・イチゴ・そら豆・
　　タイ・カツオ
<夏>さくらんぼ・もも・すいか・トマト・
　　きゅうり・枝豆・アユ

<秋>なし・くり・かき・ぶどう・ごぼう・
　　しいたけ・サケ・サンマ
<冬>大根・ほうれんそう・白菜・りんご・
　　みかん・菜の花・タラ・ブリ

食べもの色オニ 4〜5歳児

季節の食材に親しみながら戸外や広いホールなどであそびます。
旬を意識してあそびに慣れたら、四季を混ぜてあそんでみましょう。

食育ポイント

◎食材には様々な色があることに気づき、食材への興味を高める。
◎季節のおいしい食材を知り、食べる意欲を育てる。
◎季節を感じ、季節の食材を知る。

用意するもの

● 色紙
● カードを貼るガムテープ

導入

● 図鑑などを見ながら、その季節のおいしい食べものについて話をする。
● 子どもたちが言った食材の色を、ホワイトボードなどに書く。

保育者「秋のおいしい食べもの、何があるか知ってる？」
「食べたことはある？　どんな味がした？」

例）秋の食材

黄＝くり・なし	茶＝しめじ・さといも
紫＝ぶどう・さつまいも	青＝サンマ
赤＝サケ	オレンジ＝かき

● 食べもの色オニであそぼう

※秋を例にとりあげます。
❶食材の色を確認しながら、色カードを園庭の遊具などに貼っていく。

「ここは黄色、秋においしい黄色の食べものはなんだっけ？」
「くりとなしがあったよね」

ブランコは黄色よ！

くり

なし

❷初めは保育者がオニになる。

❸♪**あき　あき　あきの　たべもの　なんだろうな**

と、みんなでリズミカルに言いながら自由に動く。

★適当なところでオニが、例えば「ぶどう！」と大きな声で言う。

★子どもたちはぶどうの「紫」の色の紙が貼られている場所に素早く行く。

★オニはみんなが紫の場所にタッチする前に誰かをつかまえて、オニを交代する。

オニ

ぶどう！

オニ

オニ

早くタッチしなきゃ

タッチ

お店を開こうゲーム　5歳児

市場から食材を仕入れてお店を開店させるゲームです。うまくお店に並ぶ商品がそろったらお店を開店できます。さあ、どのお店が早く開店できるか競争しましょう。

食育ポイント

◎食べものがお店に並ぶまでの「食」の循環がわかり、「食」への関心を高める。
◎買いもののルールを理解し、買いものが実際にできるようにする。

用意するもの

●食材カード
型紙96～99ページ
イラスト108～110ページ
※チラシを切り抜いて厚紙に貼ってもよいでしょう。

導入

食材は、どこで作られて、どのようにお店まで届けられるのかをみんなで話す。

保育者）「野菜ができたらどうやってお店まで届くのか知ってる？」
「野菜を売りたい人が市場に持っていって売るよ」
「市場に野菜を買いに来るのは、やおやさんやスーパーの人だよ」

生産者

市　場

おろし売り市場

お　店

肉　野菜

個　人

● お店を開こう

★グループごとに何のお店になるか決める（野菜、果物、魚、肉、ケーキ、パンなどのお店）。
★食材カードを伏せて真ん中の机の箱に入れて、すみに「お店」のテーブルを用意する。
★食材カードが何枚そろったら、開店OKかを決めておく（食材カードの枚数を超えないように）。

❶テンポのよい音楽に合わせて周りを歩く。

❷「ストップ！」の合図で止まったら、チームから1人ずつ出てきて、順にカードを1枚選ぶ。

❸うまくお店のカードが取れたら、カードをお店に並べて店番になる。お店のカードが取れなかったら、カードを伏せて戻し、輪に戻る。

❹また、音楽に合わせ動く→「ストップ」カードを取る、をくり返す。

パンやさんだよ！

開店準備OK

やった！

開店OK

★あと1枚で開店できるお店は「開店準備OK！」と叫ぶ。

★食材カードがそろったお店は「開店OK！」と叫ぶ。

★食材カードを早くそろえたグループの勝ち。

★全部のお店がそろうまでくり返す。

買い物ごっこをしよう

❶紙のお金、買い物袋を用意し、品物の値段を決める。

❷食材カードの枚数を増やしておく（同じ種類のカードが何枚もあるようにする）。

❸グループ（お店）ごと、売る人と買い物をする人を交代でおこなう。

❹お金と紙袋を持って、1人ずつ好きなお店に買いにいく。

❺品物が全部売れたお店は閉店する。

❻グループごと、それぞれが買ってきた品物を並べて、この食材でどんなものが作れるかや、どうしてそれを買ったかなどをみんなで話し合う。

これください

はい！

いらっしゃいませ

カレーが作れそう！

４つのおさらリレー

食べものの働きを４つに色に分けて考える「４つのおさら」を使って、ゲームをしましょう。
毎日の食事でも、「赤のおさらは、何かな？」「汁は？」などと楽しく確認していくと、
しぜんに理解できるようになります。親子イベントなどでおこなっても楽しいです。

食育ポイント

◎食べものによって、体の中での働きが違うことを知り、バランスよく食べることの大切さを知る。

用意するもの

● ４色の袋(紙や布製)
● 食材カード **型紙96〜99ページ** **イラスト108〜110ページ**

赤＝肉・魚・卵など
緑＝トマト・ピーマン・なすなど
黄＝いも類・ごはん・パンなど
白＝かつお節・昆布・煮干・干し
　　しいたけ・しょう油・砂糖・
　　塩などの調味料

導入
● 色の袋に、それぞれの食材カードを入れておき、袋に入っている食材カードをあてっこする。
● 一つ一つの食材が、「４つのおさら」の何色の食べものかを確認する。

保育者)「さあ、この色の袋には、どんな食べものが入っているかな」

●「４つのおさら」を使って、グループ対抗リレーをしよう

❶ ４つのチームに分かれ（同じ人数ずつ）、１チームに１色の袋を配る。

❷食材カードをテーブルの上にバラバラにして並べる（各色のカードは、チームの人数と同じ数を用意）。「よーい、どん」で最初の子が食材カードのところまで走って行き、持っている袋と同じ色に分類される食材カードを1枚、袋に入れて戻る。

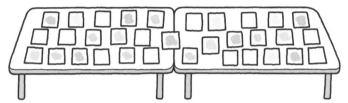

❸袋をバトンがわりにして、リレー形式で競争。早く自分たちの色の食材カードを集めたチームの勝ち。

★勝敗を決める前に、集めてきたカードが間違っていないか袋を確認する。

★早く集めて1位になっても間違ったカードが入っていたら4位になる。2位が1位というようにくり上げる。

★チームの色を変えて、チーム全部が4色を経験できるようにくり返す。

「4つのおさら」をおぼえたら食事のときにも確認してみよう！

●「4つのおさら」の料理と食べもの

日本の食生活の基本とされているのが、主食、汁、主菜、副菜からなる献立です。「4つのおさら」では、料理に入っている主な食材に合わせて、4つの色で分けて示します。1回の食事で「4つのおさら」がそろえば、しぜんと栄養バランスのよい食材になります。

赤のおさら＝主菜（血や肉になる）
肉、魚、卵、牛乳、乳製品、豆類を主に使った料理。多く含まれる栄養素はたんぱく質。

白のおさら＝汁（だしの香りと味）
みそ汁やお吸い物、スープ。かつお節や昆布など、うま味成分のだしを使った料理。

緑のおさら＝副菜（体の調子を整える）
野菜、果物、きのこ類、海藻を主に使った料理。多く含まれる栄養素は、ビタミン、ミネラル、食物繊維。

黄色のおさら＝主食（体の力になる）
ごはん、めん類、いも類、パンなど穀類を主に使った料理。多く含まれる栄養素は炭水化物。

おいしい中身はなあに？

料理にどんな食材が入っているかを、楽しく知るゲームです。
「こんな食べものも入れちゃおう」と、自由な発想で想像力を働かせれば思いがけない創作
料理が生まれるかもしれません。親子でやっても盛り上がります。

食育ポイント

◎料理には調味料を含めたくさんの食材が入っていること、いろいろな食材が一緒になっておいしくなることを知り、食べる意欲を育てる。

◎毎日の食事に食材がどう調理されているのか興味を向ける。

導入

●「カレーライス」の歌をうたって、カレーライスにはどんな食材が使われているか、いくつ入っているか出し合う。

●どんな料理があるか、みんなで料理名を言って、ホワイトボードに書く（デザートもOK）。

※親子のときは調味料を加えると盛り上がります。

● 料理に入っている食材を考えて、その数を競おう

❶グループごとに、1つの料理にたくさんの食材が入っている料理を考えて、発表する。

★メニューの中にどんな食材が入っているのか、紙と鉛筆を持って、園の中で聞ける人に書いてもらったりして取材に行く。

★ほかにもこんな食材を入れてみようというアイデアを出し合う。

❷保育者も一緒に考えながら、各グループごとに
選んだ料理の中に入っている食材を発表する。
保育者は、ホワイトボードなどに書き出していく。

❸保育者が見て、おかしな食材が入っていない
かを確かめてから、上がった食材の数を数え
る。

❹全部のグループが発表して、数が一番多いグルー
プの勝ち。

●ゲームをやったあとは……

毎日の食事のメニューに、いくつの食材が
入っているのか、「当番さん」が調理室で取
材をして、食べる前に発表してみましょう。

たべたらうんどうすごろく

3～5歳児・親子

たくさん食べたらたくさん運動することで健康で元気な体がつくられることを、
あそびを通して伝えていきましょう。

👉 食育ポイント

◎体を動かすとおなかが減ってごはんがおいしく
食べられること、食べものは体の中でパワーに
なって元気に体が動かせることなど、食べるこ
とと運動することの両方が大切だということを
知らせる。

用意するもの

●たべたらうんどうすごろく　**型紙106ページ**
拡大コピーして色を塗る。子どもたちが塗ってもよい。
●サイコロ　**型紙107ページ**
厚紙にコピーして作る。
●コマ

導入　●食べることと体を動かすことの仕組みに
ついて話す。

●ちゃんと食べないとどうなるか、おやつ
を食べ過ぎるとどうなるか、などについ
て考える。

保育者「ごはんをちゃんと食べないと、どうなるか
な？」

「車はガソリンがないと走らないよね。人は
ちゃんと食べないと動けないよね」

「おやつを食べて、ゴロゴロしてばかりいて
体を動かさないとどうなるかな？」

● グループに分かれて、すごろくゲームをしよう

★グループに1つずつ、すごろくの台紙とサ
イコロを用意する。

★1人1個、自分のコマを用意して、スタート
にコマを置く。

★サイコロを振って、出た目だけコマを進める。

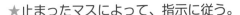

★止まったマスによって、指示に従う。

❶食べもののマスに来たら、「いただきます」と言って食べるまねをする。

　例えば、「プチゼリーはんぶん」のところにきたら、「プチゼリー、いただきます」と
言って食べるまねをする。

❷島に来たら、指示のある動作をする。

サイコロを振ろう

だんすじま

ぴょんぴょんじま

かいだんじま

❸早くゴールについたグループが勝ち。

　勝った人には、「はい、イチゴのケーキをプレゼント」とイチゴケーキの絵を描いた
カードをプレゼントしても楽しい。

●あそんだあとは……

▶すごろくをしなくても、「かいだんじま」「だんすじま」
「ぴょんぴょんじま」のどれかで体を動かすことを毎日
の活動にしてみましょう。

▶すごろくのあとは、「静かにかいだんじまへ行こう」と
言って、ゆっくりと階段を上がったりなど、実際の運
動につなげましょう。

▶「今日は、かいだんじま・だんすじま・ぴょんぴょんじ
まのどれにする?」と聞いて、子どもたちが選んだあ
そびで体を動かしましょう。

そろ～り
そろ～り

Q&A

Q 子どもたちに直接「食」のことを伝える機会をもちたいのですがタイミングは？（栄養士より）

A 会議などでその気持ちを伝えて

保育には日課がありますから、いきなり現場に出向くのは無理があります。まずは保育者会議などに参加させてもらい、子どもたちに伝えたいことや、保育の現場とつながりたい気持ちを伝えましょう。そのうえで、「この時間帯ならだいじょうぶですが、子どもの様子を見に行ってもいいですか」「こんな本を読んでみたいが、いかがですか」などと具体的に提案してみましょう。保育者のほうも喜んで参加させてくれると思います。

Q 偏食が激しい子どもの食が心配

A おなかをすかせることが第一歩

偏食に対応するには、まずは子どものおなかをすかせることが第一歩。多少苦手なものでも、おなかがすいていれば食べてみようと思うかもしれません。午前中に体を動かす活動を多くしてみる、食事時間を見直してみるなど工夫しましょう。

弁当の場合、あまり偏っている場合は、栄養のバランスを考えるように保護者に話してみましょう。「苦手なものも頑張って食べていましたよ」などと様子を知らせながら、保護者の意識も高めていくとよいと思います。

Q 栄養バランスの話を楽しく伝えるには？（栄養士より）

A 本能的な感覚を磨くため、表現の方法を工夫して

タンパク質やビタミンなどという栄養素ではなく、色、形、音などから食べものをとらえる表現の方法を身につけましょう。赤いトマト、白い米、茶色い肉など、「いろいろな色の食べものを食べると、体にいいんだよ」などと伝えると、わかりやすいと思います。あまり栄養素にこだわって食育を進めると、「サプリ」でもよいことになってしまいそうです。この時期は、食べものを本能的な感覚でとらえる訓練をしていきたいですね。

Part 6

言葉あふれる

食べものにかかわる語彙を増やし、表現力を育てるあそびです。言葉から、おいしい食べものを楽しく思い描けるようになるといいですね。

食べもの言葉つなぎ 4～5歳児

1つの食べものからイメージして別の食べものを答えていくあそびです。
好きな食べものなら、すぐにイメージがわき、「食」にかかわる言葉も広がります。

食育ポイント

◎ 食べものにかかわるいろいろな言葉を取りあげて、食べものへの興味・関心を高める。
◎ 自分が食べたことのない食べものへのイメージを広げる。

導入
● 保育者自身の好きな食べものについて、エピソードを織り交ぜながら話す。
● 子どもたちの好きな食べもの、好きな理由を聞く。
● 子ども一人ひとりの一番好きな食べものをホワイトボードに書き出していく。

保育者 「おうちに、大きなイチジクの木があってね、小さいころは毎日その木に登って、イチジクを食べていたの。だから大好きなのよ」
「みんなの好きな食べものは何かな？」
「一番好きな食べものは何？」
「どうして好きなの？」

● 食べものクイズのようにして言葉をつなごう

❶ 保育者が子どもにクイズを出すようにして、子どもの言葉をつないでいく。
❷ 子どもたちからでてきた食べものの名前を、ホワイトボードなどに書いていく。

例）
「今日は、○○ちゃんの好きなハンバーグからスタートするよ」
「○○ちゃん、ハンバーグの色は何？」
「そう茶色ね」
「では△△ちゃん、ほかに茶色の食べものな～んだ？」
「キウイ！」
「そうね、皮が茶色い果物よね」
「じゃあ、□□くん、キウイフルーツのほかに果物は？」
「バナナ！」
　　　……

● リズミカルに言ってみよう

★ 左ページのあそびであがった食べものの名前を、リズムにのせて次々と答えていく。

★ 保育者の言葉とリズムを、子どももくり返して言う。

★ 保育者は声色を変えたり、強弱をつけて言ったりすると盛り上がる。

★ 慣れてきたら、連想ゲームのような
アレンジも。

●あそびのバリエーション

伝承のつながり歌「いろはにこんぺいと」で食べもの言葉つなぎをしてみよう。

例)
「あまいはさとう さとうはしろい しろいはぎゅうにゅう ぎゅうにゅうはヨーグルト ヨーグルトはトロリ トロリはやまいも やまいもはねばねば ねばねばはなっとう……」

食べものの音であそぼう 3〜5歳児

伝承あそびの「おちた　おちた」の「たべた　たべた」バージョン。
食べものが転がったときの音、食べるときの音、切るときの音、皮をむくときの音、
あるいは触感など、食べものを音のあそびにしてみましょう。

食育ポイント

◎「食」にかかわる音を表現しながら言葉を増やし、食べる意欲へつなげる。
◎食べものをテーマにした問答あそびを通して、食べものや食べることへの興味・関心を高める。

導入 いろいろな食材や料理の名前をあげて、音について話す。

保育者）「おせんべいを食べるとき、どんな音が出る？」
「きゅうりを切るときの音はどんな音？」
「お米をとぐ音って？」

ハンバーグを作るとき
グチャグチャだよ
グチャ
グチャ

音を表す言葉を使って、言葉をつなごう

❶「おちた　おちた」のリズムに合わせて、何がどうしたのか、言葉をつないでみる。
❷「おちた」を「たべた」「きった（切った）」「つくった（作った）」に変えて、言葉を考える。
❸つないだ言葉の間に、音を表す言葉をはさんでみる。
❹要領がわかったら、グループごとに相談して言葉をつなぎ、発表する。

例）
♪たべた　たべた
♪なにを　たべた
　ボリボリボリボリ
♪おせんべ　たべた

♪きった　きった
♪なにを　きった
　バリッバリッバリッ
♪すいかを　きった

つーくった
つくった
なにをつくった
グツグツグツ

たべた
つくった
おちた
きった
いためた

「つくった」で
うたってみようか

カレー
ライス！

シチュー！

●「たべた　たべた」で問答をしよう

★まずは、子ども一人ずつ順番に、保育者と問答をする。

★慣れたら、子ども同士でおこなってみる。

★最初はリズムにのせておこない、会話がつながっていったら、リズムにこだわらず続ける。

例）

子どもA	たべた　たべた
子どもB	なにを　たべた
子どもA	ドーナツを　たべた
保育者	だれが　作った？
子どもA	お母さんが　作った
保育者	どんな味がした？

子どもA	たべた　たべた
子どもB	なにを　たべた
子どもA	ピーマンをたべた！
保育者	嫌いなのにどうして たべたの？
子ども	元気に大きく なりたいから！

おちた　おちた

わらべうた

お　ち　た　　お　ち　た　　な　に　が　　お　ち　た

食べものなぞなぞ 4～5歳児

五十音順に、食べもののなぞなぞを、子どもたちと一緒に作ります。
なぞなぞの答えは1つとは限りません。いろいろな発想を楽しみましょう。

👆食育ポイント

◎食べることを楽しく観察し、興味を高める。
◎「食」にかかわる様々な場面を想像してなぞなぞを考え、語彙を増やし、文章を作る力を育てる。

導入

●まずは保育者が、「あ」で始まるなぞなぞを考えて、子どもに出題する。
●子どもから、いろいろな答えが上がるのを受け止めていく。
●盛りあがったところで、みんなで、食べもののなぞなぞを作ることを提案。

保育者）「『あ』かくて、丸い食べものなあに？」
「『あ』まーい食べもので、クリスマスに食べるものなんだ？」
「みんなも、なぞなぞを作れるかな？」

● 問題を考えよう

★「あ～わ」までのなぞなぞをみんなで考える。

答えが食べものになる
なぞなぞを考えてきてね

ぼくは「か」と「せ」だな！

えーと……

むずかしいな～！

あ りが大好き　甘いおやつはなあに？

い っぱい食べたい　イチゴのデザートは？

う みのすなはまで　みんなと割った丸いシマシマの食べものは？

え んそくで食べた　三角の食べものなあに？

お とうさんが大好きな　あわがいっぱい出る飲みものは？

● 答えを先に考えよう

★図鑑を見たりして、「あ」から順番に答えを決めて、そこから連想する言葉を考える。

★1日5題などと決めて、毎日少しずつ作ってもよい。

まず先生からね。

あんこ

おまんじゅうの 中に入っているもの なーに？

えのきだけ

きのこの仲間で 白く細いのがたくさん集まっているのは？

うめぼし

すっぱくて赤くて丸いのは？

いちご

赤くてつぶつぶがある果物なあに？

あんこ
いちご
うめぼし
えのきだけ
おむれつ

● かるたにしてあそぼう

❶食べものなぞなぞの答えを絵に描いて、かるたを作る。

❷かるたとりの要領で、保育者がなぞなぞを出題して、答えのカードを探す。たくさん取った子の勝ち。

❸グループ対抗戦にしてもおもしろい。1人1枚取ったら次の人にタッチ。早く全員が1枚ずつ取れたら勝ち。

「ルウ」を使って作るよ。黄色くてみんなも大好き！

カレー！

カレーライスだ！

●同じ頭文字で別のなぞなぞも考えよう

「あ〜わ」まで、それぞれ1つずつのなぞなぞ、ということにこだわらず、同じ頭文字のなぞなぞも、どんどん増やしてみましょう。「食べものなぞなぞ」カードを用意しておき、新しいなぞなぞができたら、どんどん書いていきます。朝や食事の前などに、なぞなぞを作った子が出題する時間をつくってみてください。

味のポーズ 4〜5歳児

「甘い」「すっぱい」「苦い」「しょっぱい」という味覚を伝えるあそび。
保育者やリーダーのかけ声に合わせて、味覚を体で表現します。

👆 **食育ポイント**

◎人が感じる味には、甘味、酸味、苦味、塩味、うま味の5つ(五味)があることを伝える。
◎味を言葉や体で表現して、食への興味を高める。

導入 いろいろな食材や料理の名前をあげて、味を聞く。その際、「甘い?」「苦い?」「すっぱい?」「しょっぱい?」などと、味覚を表す言葉をおりまぜながら、聞いていく。

保育者)「ピーマンはどんな味?」
「そう苦いよね」
「チョコレートは、甘いかな? 苦いかな?」
「ちょっと苦いのもあるよね」

● 味のポーズを考えよう

❶「どんな味?」と聞いて、子どもが言う言葉をホワイトボードなどに書いていく。

❷主な言葉を取りあげ、「甘いときって、どんな顔?」「苦いときの顔は?」「じゃあ、苦いポーズはどんな感じかしら」と聞いて、体で表現してみる。

❸みんなで相談しながら、味ごとにポーズを決める。

どっちにしようかな

作曲/多志賀明 作詞/倉橋 孝

グッ グッ グーッ と にぎろかな パッ パッ パーッ と
すてよかな どっちにしようかな グー!(パー!)

例

「甘い甘い
すいか、
どんな味？」
「あま～い！」

甘いポーズ＝ニッコリ顔で、両手をあげて頭の上で輪をつくる。

「すっぱい
すっぱいレモン、
どんな味？」
「すっぱ～い！」

すっぱいポーズ＝目をギュッとつぶって、両手でほおをはさむようにし、ひざを曲げる。

「苦い苦い
ゴーヤー、
どんな味？」
「にが～い！」

苦いポーズ＝手をグーにして頭にのせ、じだんだを踏む。

「しょっぱい
しょっぱい
塩ザケ、
どんな味？」
「しょっぱ
～い！」

しょっぱいポーズ＝胸で両手をクロスして、体を左右にねじる。

「おいしい
だしの味。
うまいね！！」

うま味のポーズ＝ニッコリ顔で、両手を前に広げる。

●**うま味とは？**

「甘い」「すっぱい」「苦い」「しょっぱい」のほかに、「うま味」と表現する味があります。おもに、かつお節や昆布、煮干しなどでとれるだしの味のことです。

●「どっちにしようかな」じゃけんでポーズ

❶じゃんけんあそびに、味のポーズを取り入れる。

★１対１、または、保育者対子ども全員でおこなっても楽しい。

❷振りをつけながら「どっちにしようかな」をうたって、ジャンケンをする。

❸勝ったほうが、「ゴーヤー」「ケーキ」などと食べものの名前を言って、負けたほうが「苦い」「甘い」などと言いながらポーズ。

❹食べものの名前を言うのも、ポーズをとるのも、相手が５まで数えるうちにできなかったほうが負け。

★くり返しあそび、慣れたらスピードアップしよう。

❶♪ **グッグッグーッ
とにぎろかな**

両手をグーにしてリズムに合わせて動かす。

❷♪ **パッパッパーッ
とすてよかな**

①と同様に両手をパーにする。

❸♪ **どっちに
しようかな**

考えている
ポーズ。

❹**ジャンケン、ポン！**

ペアになってジャンケンする。
※あらかじめペアを決めておきます。

食べもの早口言葉  4〜5歳児・親子

食べものの言葉で早口言葉をつくりましょう。みんなでくり返して言うだけで、
言葉が楽しい早口言葉に早変わり。食べものへの興味も高まります。

☝️ **食育ポイント**

◎早口言葉を楽しみながら、その中に登場する食べものを取りあげ、興味を向ける。

◎食べものを楽しい早口言葉にすることで、いろいろな食材や料理を身近に感じられるようにする。

導入 食べものの言葉を使った早口言葉を紹介して、みんなで言ってみる。

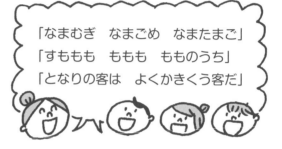

「なまむぎ　なまごめ　なまたまご」
「すももも　ももも　もものうち」
「となりの客は　よくかきくう客だ」

● 食べものの名前を早口言葉にしよう

続けて早く言うのよ。終わったら最初からね

多いよ〜

バナナ、きゅうり、ピーマン、なす、かぼちゃ、にんじん、バナナ、きゅうり……

★食材カードやイラストを使って次々に名前を答えていく。

★食材カードを使わない場合は、ホワイトボードに書き、保育者が先に言って、子どもがまねをするとよい。

★だんだん早くしていくと、しぜんに早口言葉になる。

★最初は2つの言葉から始めて、少しずつ3〜5くらいまで増やしていく。

★言葉を覚えたら、食材カードがなくても、早口言葉のように楽しめる。

食材カード　型紙96〜99ページ
　　　　　　イラスト108〜110ページ

♥ どんぶりメニューで

「てんどん・うなどん」

「てんどん・うなどん・てんどん・うなどん……」

★最初はゆっくり、少しずつ早く、カード2枚をくり返し見せ続ける。

「てんどん・うなどん・おやこどん」＝早口で言ってみよう。

「てんどん・うなどん・おやこどん・ちゅうかどん」＝チャレンジ
　しよう。

♥ カレーメニューの早口言葉

「カレーライス・ライスカレー・カレーライス・ライスカレー……」

★カード2枚をくり返し見せ続ける。

「カレーライス・カレーうどん・カレーそば」

「カレーライス・カレーうどん・カレーそば・カレーチャーハン！」

★好きな料理に「カレー」をつけて、新メニューを作っても楽しい。

♥ 豆の早口言葉

★保育者も一緒にチャレンジしよう。

「はなまめ・とらまめ・そらまめ」

「はなまめ・とらまめ・そらまめ・うずらまめ・きんときまめ」

♥ おにぎり早口言葉

「サケおにぎり2個・梅干しお
にぎり2個・ツナマヨおに
ぎり2個」

みんなで早口言葉を作ってみよう

★みんなで食べものの早口言葉を作る。

★最初か終わりに同じ音がある言葉を連続して言うと、早口言葉になりやすい。

★グループごとに考えて、発表し合っても楽しい。

食べもののお話作り  4～5歳児・親子

「おにぎり」「トマト」「たまごやき」など、2～3つの食べものの名前から、
お話を作っていくあそびです。お話をかるたや絵にしても楽しくあそべます。

食育ポイント

◎「食」にまつわるシーンを文章にすることで、食にかかわる語彙を増やす。
◎食べる様子を観察して話を作ることで、食べることへの興味を高める。

導入

● 食べものの登場するお話で、子どもたちがよく知っているものを選び、読み聞かせをする。
● 話の展開を子どもたちに質問しながら読み進める。

保育者 ） ももから生まれた『ももたろう』。どんなとき、何の食べものをイヌやサルやキジにあげたのかな？

● お話作りリレーをしよう

❶ グループごとに「お題」（食べものの名前）を伝える。
例） Aグループ　お題「おにぎり」
　　 Bグループ　お題「トマト」
　　 Cグループ　お題「たまごやき」

みんなで
短いお話を考えてね

おにぎり
食べるの好き！

ぼく、3個
食べたことがあるよ

サケおにぎり
がいい

赤くて
丸い

トマト嫌い

お弁当に
たまごやき入ってたよ

❷グループで、お題を使った文章を１つ考える。

例）A「お昼ごはんに、おにぎりを３個食べま
　　　した」
　　B「赤いトマトをガブリと食べたら、ピュッ
　　　と種が飛んで洋服が汚れました」
　　C「お弁当に、たまごやきが入っていまし
　　　た」

❸保育者のお話を足して、３つの文をつなぐ。

例）「お昼ごはんに、おにぎりを３個食べました。
　　それに、赤いトマトをガブリと食べたら
　　ピュッと種が飛んで洋服が汚れました。
　　次の日は、おべんとうにたまごやきが入っ
　　ていました。でも○○ちゃんが『おいし
　　そう』と言ったので、たまごやきをあげ
　　てしまいました。それで、おなかすいて、
　　グーッとなりました」

● 作ったお話をかるたや紙芝居にしよう

❶お話作りをくり返して、文章を増やす。
❷文章を１つずつカードに書いて（書ける子または保育者）、読み札にする。
❸お話に合う絵を、別のカードに描いて紙芝居にする。

おにぎりは
ほんとうは
４こあったのに
３こに
なったのは
どうしてかな

ママは
ピーマンを
いれるといって
いたけれど
ぼくがきらい
なので
たまごやきに
してくれました

「仲間分けカード」

食材の仲間分け（P42～43）

※拡大コピーするなどしてお使いください。

●土の上に育つ野菜

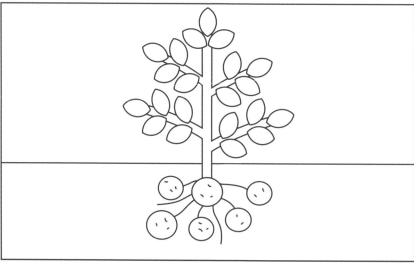

●土の中に育つ野菜

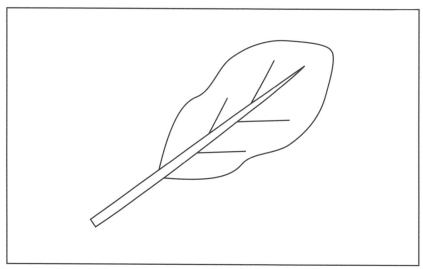

●葉を食べる野菜

「仲間分けカード」 食材の仲間分け （P8〜9）

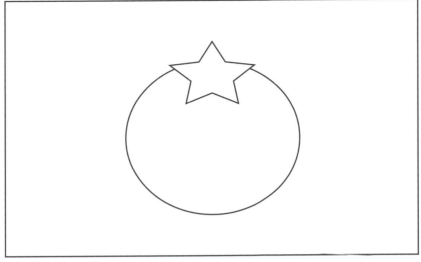

●実を食べる野菜

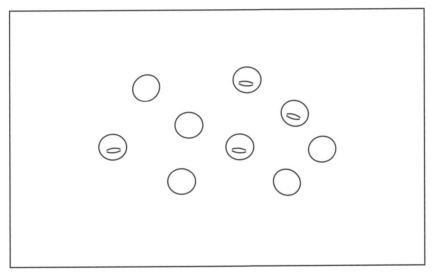

●大豆からできる食品

●牛乳からできる食品

※拡大コピーするなどしてお使いください。

「まめまめボックス」
いろいろなおまめ（P10）

「アサリちゃん・アサリマン」
季節の食材　春・アサリ（P12〜13）

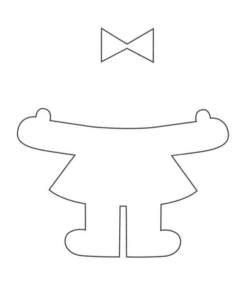

※原寸サイズです。

●野菜のおひたし

●野菜の煮物

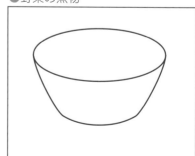

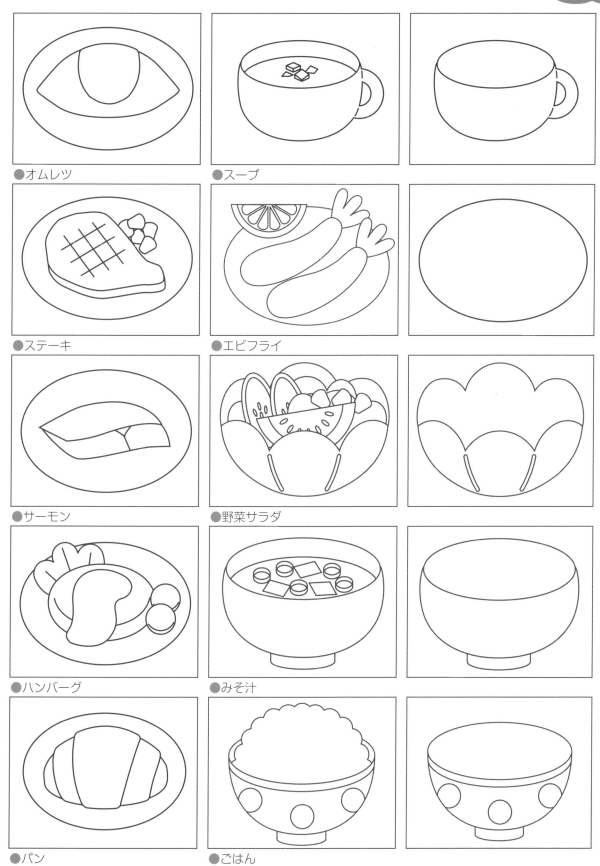

「料理カード」

配ぜんボード（P30〜31）

●オムレツ

●スープ

●ステーキ

●エビフライ

●サーモン

●野菜サラダ

●ハンバーグ

●みそ汁

●パン

●ごはん

※拡大コピーするなどしてお使いください。

「食材カード」

食べものボード （P29）

●ウシ

●ニワトリ

●ブタ

※食材は原寸サイズです。

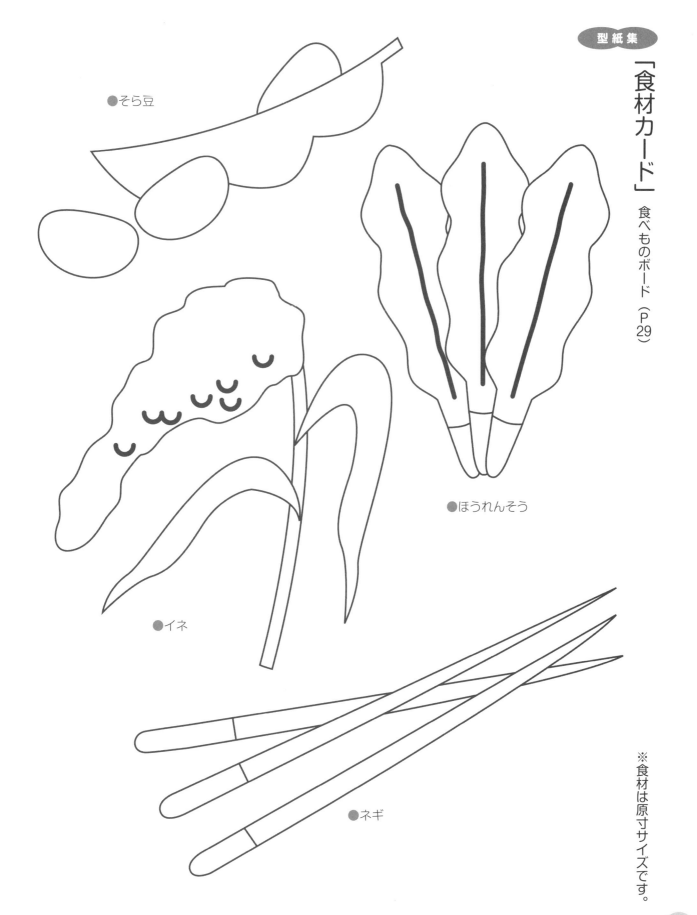

「食材カード」

食べものボード（P29）

●そら豆

●ほうれんそう

●イネ

●ネギ

※食材は原寸サイズです。

「食材カード」

食べものボード（P29）

●玉ねぎ

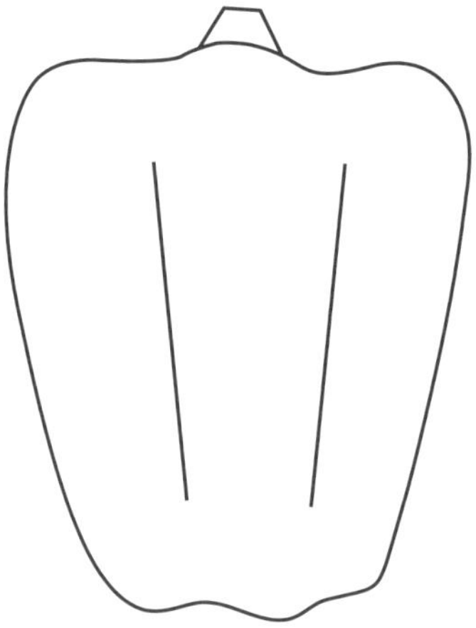

●ピーマン

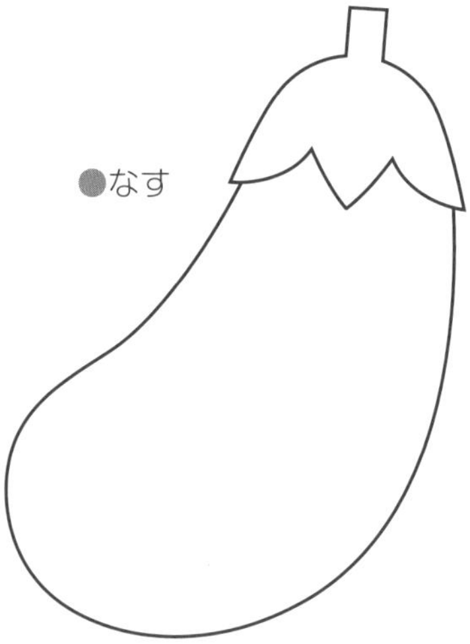

●なす

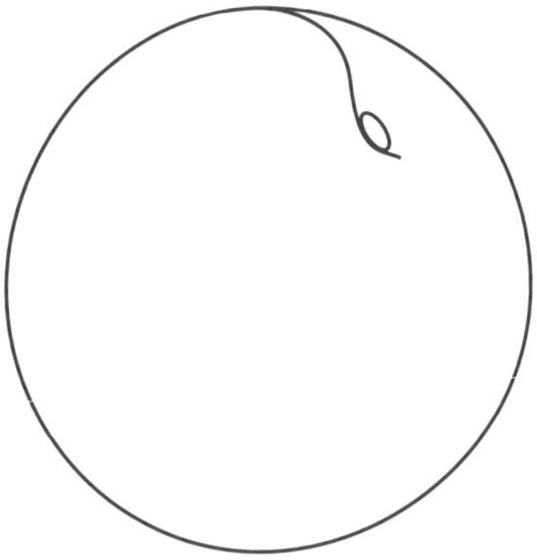

●もも

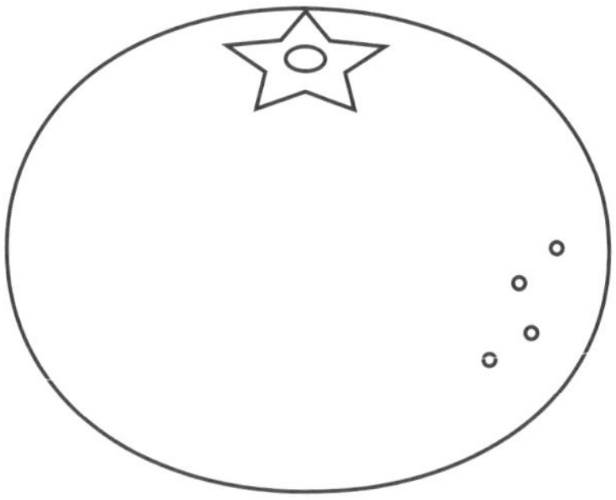

●みかん

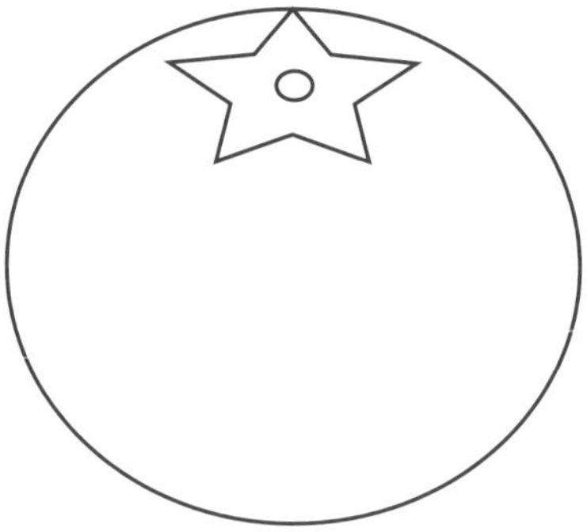

●トマト

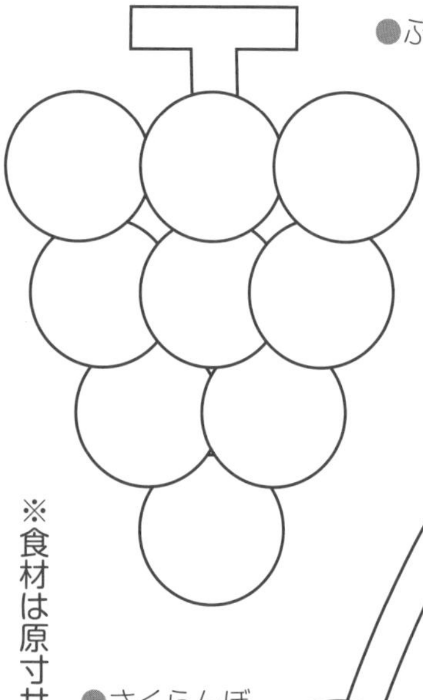

●ぶどう

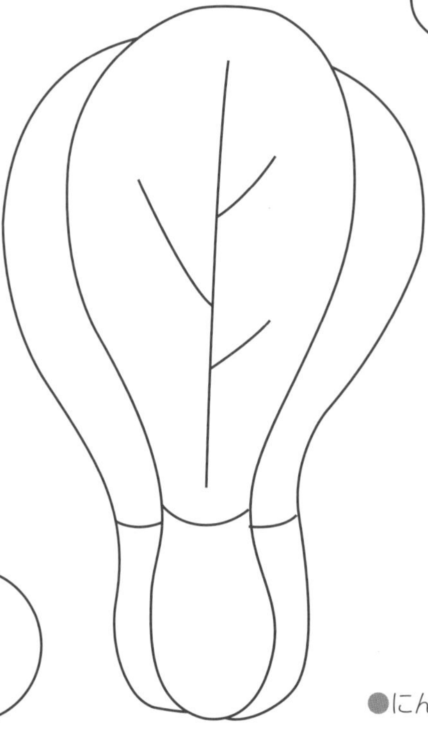

●チンゲン菜

●さくらんぼ

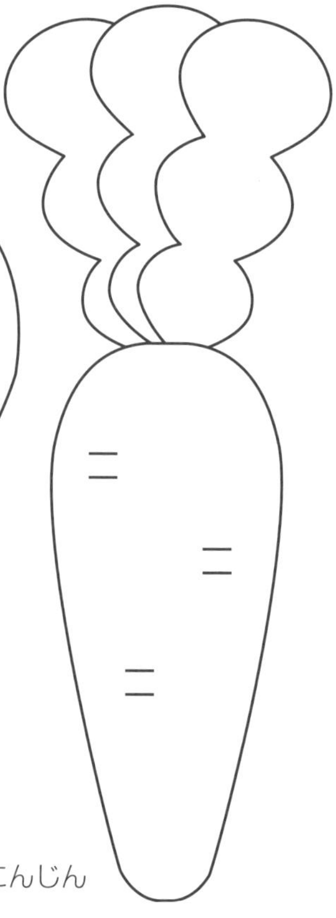

●にんじん

※食材は原寸サイズです。

「食材カード」食べものボード（P29）

●魚

●昆布

●イカ

●タコ

●貝

●カニ

※食材は原寸サイズです。

「食べものボード」(P.29)

※400%に拡大コピーしてお使いください。

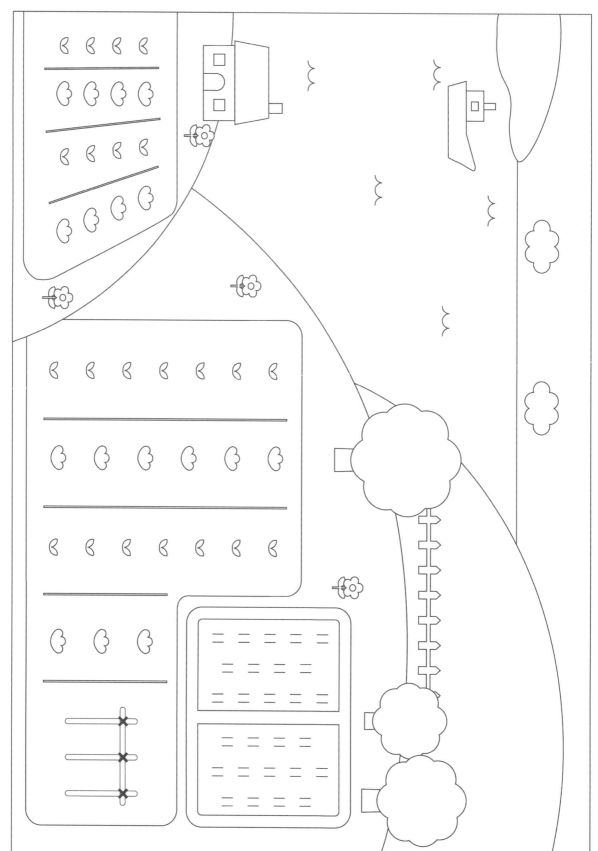

「ペープサート」

タマネギとニンジンとピーマンの変身 （P36〜39）

●タマネギ

※拡大コピーするなどしてお使いください。

▲表情は自由に描いてください。

「ペープサート」

タマネギとニンジンとピーマンの変身（P36〜39）

●にんじん

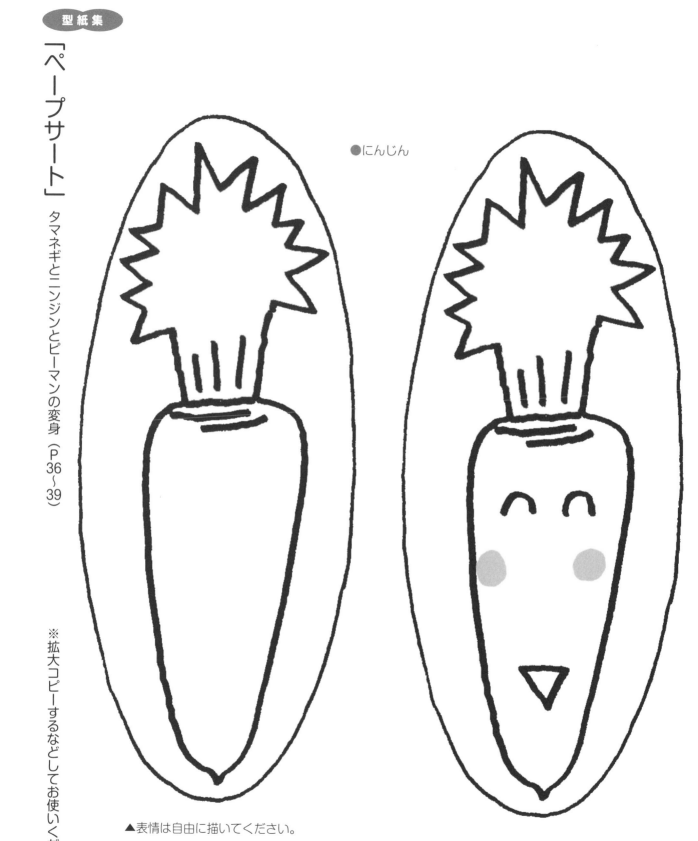

※拡大コピーするなどしてお使いください。

▲表情は自由に描いてください。

「ペープサート」タマネギとニンジンとピーマンの変身（P36〜39）

●ピーマン

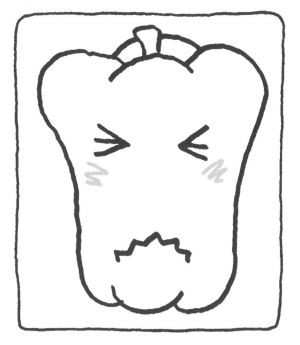
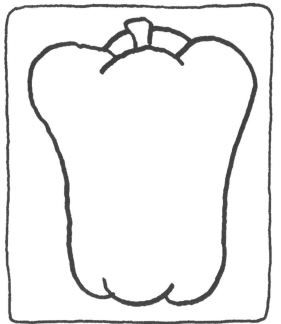

▲表情は自由に描いてください。

※拡大コピーするなどしてお使いください。

●カレーライス

「ペープサート」タマネギとニンジンとピーマンの変身（P36〜39）

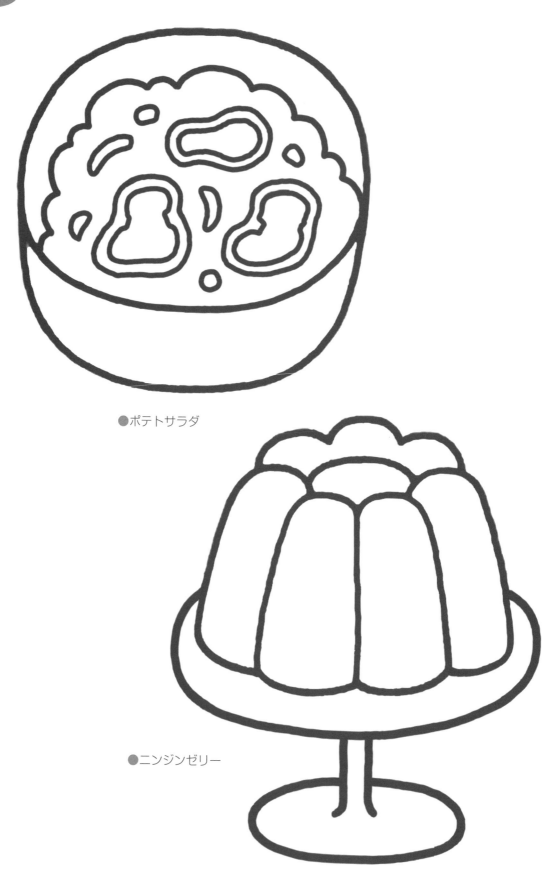

●ポテトサラダ

●ニンジンゼリー

※拡大コピーするなどしてお使いください。

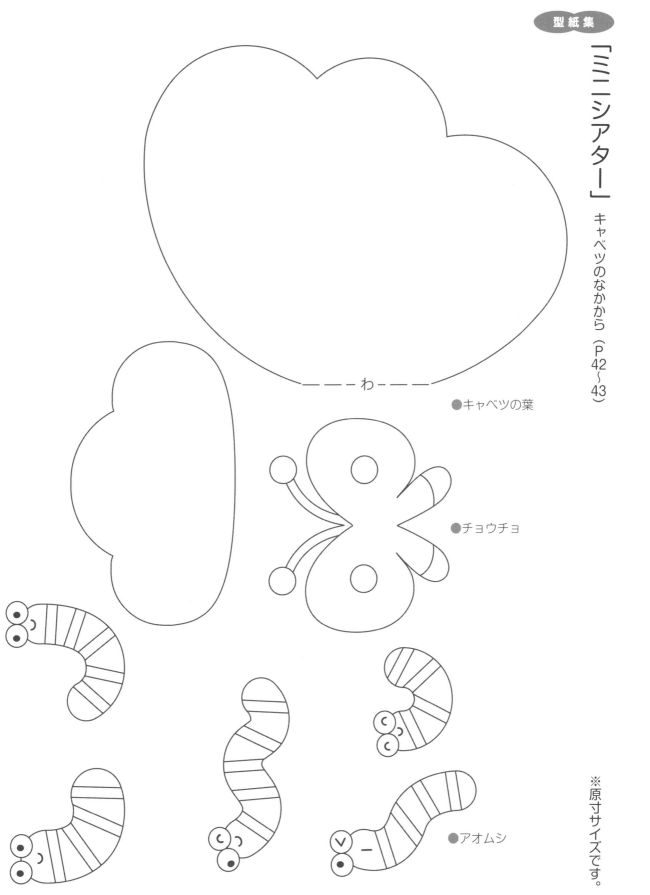

「ミニシアター」キャベツのなかから（P42〜43）

●キャベツの葉

わ

●チョウチョ

●アオムシ

※原寸サイズです。

「たべたらうんどうすごろく」（P 76〜77）

※拡大コピーするなどしてお使いください。

●すごろく

「たべたらうんどうすごろく」（P 76〜77）

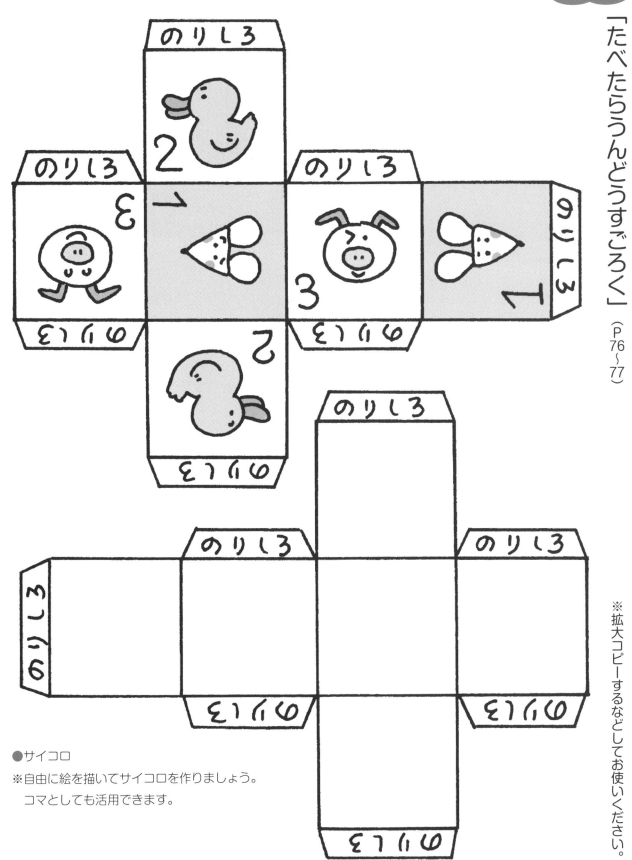

※拡大コピーするなどしてお使いください。

●サイコロ

※自由に絵を描いてサイコロを作りましょう。
　コマとしても活用できます。

食べものイラスト集

「料理の材料探し」（p.32〜33）、「お店を開こうゲーム」（p.70〜71）、
「4つのおさらリレー」（p.72〜73）などの食材カードにご活用ください。
園のおたよりのイラストや、ぬり絵の台紙としてもお使いいただけます。
※マークは一般的な旬を表しています。◆：春　●：夏　◎：秋　□：冬

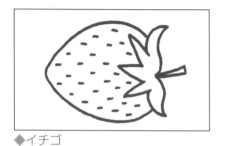

◆イチゴ

◆たけのこ

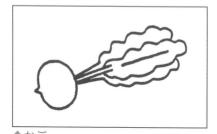

◆かぶ

◆レタス

◆キャベツ

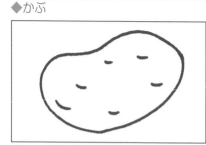

◆じゃがいも

◆玉ねぎ

◆タイ

◆アサリ

●トマト

●さくらんぼ

●スイカ

●メロン

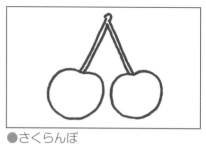

●もも

●びわ

●きゅうり

108

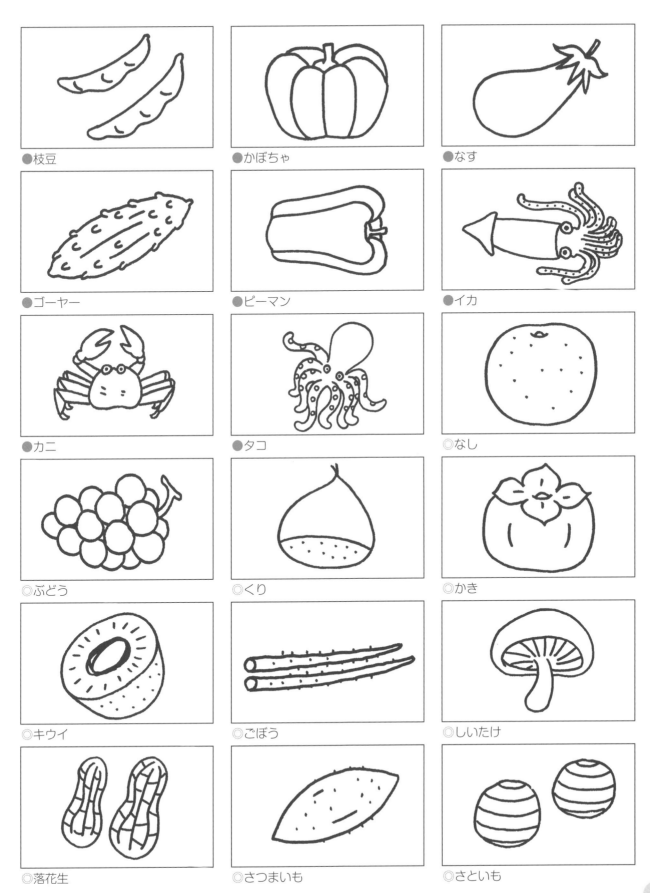

●枝豆　　　　　　　●かぼちゃ　　　　　　●なす

●ゴーヤー　　　　　●ピーマン　　　　　　●イカ

●カニ　　　　　　　●タコ　　　　　　　　◎なし

◎ぶどう　　　　　　◎くり　　　　　　　　◎かき

◎キウイ　　　　　　◎ごぼう　　　　　　　◎しいたけ

◎落花生　　　　　　◎さつまいも　　　　　◎さといも

◎白菜　　◎サケ　　◎サンマ

◎サバ　　□みかん　　□りんご

□大根　　□にんじん　　□菜の花

□ほうれんそう　　□れんこん　　□ブロッコリー

□小松菜　　□ぶり　　パン

ソーセージ　　バター　　牛乳

MILK

あそび早見表

ページ	あそび名	適応する年齢				親子
		2歳	3歳	4歳	5歳	
6	なんだろうボックス	●	●	●	●	♥
8	食材の仲間分け		●	●	●	♥
10	いろいろなおまめ	●	●	●	●	
12	季節の食材　春・アサリ		●	●	●	♥
14	季節の食材　夏野菜			●	●	
16	季節の食材　秋・さつまいも	●	●	●	●	♥
20	季節の食材　冬・乾物			●	●	
22	調味料　塩の不思議			●	●	
26	おにぎりのお弁当		●	●	●	
29	食べものボード		●	●	●	
30	配ぜんボード		●	●	●	
32	料理の材料探し			●	●	♥
36	タマネギとニンジンとピーマンの変身	●	●	●	●	♥
40	まほうのおなべ			●	●	
42	キャベツのなかから	●	●	●	●	
44	ちいさなはたけ	●	●	●	●	
47	魚はどこから来るの？	●	●	●	●	♥
52	♪イチゴのいちごちゃん		●	●	●	
54	♪たねまきしましょう			●	●	♥
56	♪やおやのおみせ		●	●	●	
58	♪天気のいい日にゃキューリも歩く		●	●	●	
60	♪サンバねぎ			●	●	
62	♪おはぎの嫁入り		●	●	●	
66	季節の食べものバスケット			●	●	♥
68	食べもの色オニ			●	●	
70	お店を開こうゲーム			●	●	
72	4つのおさらリレー			●	●	♥
74	おいしい中身はなあに？			●	●	♥
76	たべたらうんどうすごろく		●	●	●	♥
80	食べもの言葉つなぎ			●	●	
82	食べものの音であそぼう		●	●	●	
84	食べものなぞなぞ			●	●	
86	味のポーズ			●	●	
88	食べもの早口言葉			●	●	♥
90	食べもののお話作り			●	●	♥

あ そ び 提 案 ＊（ ）内は掲載ページ

菅野満喜子［グループこんぺいと］

ピンクパールプランニング（P.6〜13　P.18〜19　P.26〜31　P.42〜43　P.46　P.49）

立花愛子（P.22〜23）

弥生保育園［東京都福生市］（P.29）

上飯田くるみ保育園［宮城県仙台市］（P.30）

山本和子（P.32〜33　P.40〜41　P.86〜87）

山口市立あじす保育園［山口県山口市］（P.47〜49）

カムジー先生（P.52〜53　P.58〜61）

成瀬くりの家保育園［東京都町田市］（P.66〜67）

Q ＆ A 指 導

小野友紀
（管理栄養士・目白大学人間学部子ども学科専任講師）

S T U F F

料理・製作／ピンクパールプランニング

撮影／奥谷仁　亀井宏昭　竹中博信

モデル／木内心結　首藤一心（セントラル子供タレント）
　　　　金子朱里　齊藤裕人　佐藤那菜子

イラスト／佐藤道子　みうらえりこ　みやれいこ
　　　　　ピンクパールプランニング

楽譜／from30

装丁・本文デザイン／村上ゆみ子（株式会社エルジェ）

文（Q&A）／鈴木麻由美

編集協力／萌木立みどり・斉藤明美（グループこんぺいと）

編集／上井美穂

わくわく にこにこ　食育あそび

2012年9月1日　初版発行 ©

発行人　　　竹井亮
発行・発売　株式会社メイト
　　　　　　〒114-0023　東京都北区滝野川 7-46-1　電話 03-5974-1700（代）
製版・印刷　図書印刷株式会社

JASRAC 出 120710984P